陈晋◎主编

读书有法

DUSHU YOU FA——MAO ZEDONG DE DUSHU GUSHI

毛泽东的
读书故事

广西人民出版社

图书在版编目（CIP）数据

读书有法：毛泽东的读书故事 / 陈晋主编 . — 南宁：广西人民出版社，2022.1
ISBN 978-7-219-11269-4

Ⅰ . ①读… Ⅱ . ①陈… Ⅲ . ①毛泽东著作研究—读书笔记 Ⅳ . ① A841

中国版本图书馆 CIP 数据核字（2021）第 183553 号

监　　制　韦鸿学
策　　划　温六零　白竹林　罗敏超
项目统筹　周　莉
责任编辑　覃结玲　韦　筱
责任校对　梁小琪　覃丽婷　李新楠　文　慧
封面设计　李彦生
责任排版　潘艳营

出版发行　广西人民出版社
社　　址　广西南宁市桂春路 6 号
邮　　编　530021
印　　刷　广西民族印刷包装集团有限公司
开　　本　889mm×1230mm　1 / 32
印　　张　9.25
字　　数　186 千字
版　　次　2022 年 1 月　第 1 版
印　　次　2022 年 1 月　第 1 次印刷
书　　号　ISBN 978-7-219-11269-4
定　　价　39.80 元

怎样把书读活

——毛泽东的读书方法

（代序）

陈　晋

把书本读活，是很多人的追求。所谓读"活"，就是把书本知识转化为认识，把认识转化为智慧，把智慧转化为能力，把能力转化为实践，进而在实践中有所创造。概括地说，就是读有所得，得而能用，用而生巧。

从掌握知识到实践创造，体现了从认识世界到改造世界的实现逻辑。贯不通这根逻辑链条，很可能就是教条主义。因为人们在实践活动中进行复杂判断和困难选择时无法直接套用书本知识。同一部兵书，马谡的做法是背本本，诸葛亮的做法就不是。王明和毛泽东都读马列著作，王明读的甚至更多，但他是教条主义，毛泽东则强调实事求是。可见，读书效果的好坏，关键在于读法和用法，在于是不是拥有从书本到实践、从主观到客观进出自如、出神入化的本事。

毛泽东拥有这样一种大本事。他能够把书读活，得益于他别具一格的读书方法。他的读书方法，概括起来有以下几点。

把读书学习当作一种调查研究

人们的知识和本领，来自三个方面：向实践学习，向群众学习，向书本学习。这三个学习，不是割裂的，更非对立。它们有交叉，有贯通。这当中，书本是前人或别人的思考成果，终究来自实践，来自对人民群众创造的各种经验的概括和提升。毛泽东读《徐霞客游记》和郦道元的《水经注》，就关注到两位作者是通过大量的调查研究，才能写出有所发现的"科学作品"；读蒲松龄的《聊斋志异》，也说蒲松龄"很注意调查研究"，否则他哪有那么多稀奇古怪的故事。

书本知识来自调查研究，读书，自然也间接参与了作者的调查研究。调查研究有多种形式，如蹲点察看、座谈了解、听人汇报，也包括阅读相关报告、材料和书籍。毛泽东1961年3月23日在广州召开的中央工作会议上举例说："马克思、恩格斯提出的那些原理原则是经过调查得出的结论。如果没有伦敦图书馆，马克思就写不出《资本论》。列宁的《帝国主义论》，现在印出来是一个薄薄的本子，他研究的原始材料，比这本书不知厚多少倍。列宁的哲学著作《唯物主义和经验批判主义》，是他用好几年时间研究哲学史才写出来的。"

毛泽东酷爱读书，同时又提出"反对本本主义"，看起来矛盾，实则反映出他提倡的一种读书理念，即不是为读而读，而是对前人或别人的实践经验作调查研究。怀着调查研究之心来读，就是要"本本"，不要"本本主义"。有了此心，翻开书页，你才会觉得是在与一个生动丰富而又未知的世界打交道，由此才会有所收获。

读书要到"底"，经典的和重要的书反复读

毛泽东把读书学习叫"攻书"。要"攻"，就不能半途而废、浅尝辄止，必须到"底"。所以他1939年5月20日在中央干部教育部召开的学习运动动员大会上说："学习一定要学到底，学习的最大敌人是不到'底'。自己懂了一点，就以为满足了……"1945年5月31日，毛泽东在中共七大总结讲话中向大家推荐五本马列著作，形象地说明了何谓读书到"底"："我们可以把这五本书装在干粮袋里，打完仗后，就读他一遍或者看他一两句，没有味道就放起来，有味道就多看几句，七看八看就看出味道来了。一年看不通看两年，如果两年看一遍，十年就可以看五遍，每看一遍在后面记上日子，某年某月某日看的。"

这是毛泽东的经验之谈，他也是这样做的。在他留存的一些书籍上，便写有某年某月"起读""再读"这样的字迹。在延安，他对曾志说到自己读《共产党宣言》的情况：

"我看了不下一百遍，遇到问题，我就翻阅马克思的《共产党宣言》，有时只阅读一两段，有时全篇都读，每阅读一次，我都有新的启发。我写《新民主主义论》时，《共产党宣言》就翻阅过多次。读马克思主义理论就在于应用，要应用就要经常读，重点读，读些马列主义经典著作。"对喜欢的文史哲经典，毛泽东同样经常读。20世纪50年代，他对人说自己已经读了五遍《红楼梦》，此后，他又十五次索要过《红楼梦》，这在工作人员的记录中有明确记载。

反复阅读经典书籍，因每次阅读背景不同、需求不同、心境不同、年龄不同，总是会有新的理解和发现，这样，书中的价值内容也就得到最大限度的发掘。

相同题材内容的书，要把不同的甚至是观点相反的著述对照起来读

毛泽东想读关于美国历史的书，就让人到北京图书馆、北大图书馆去借，专门写条子说，不光是马克思主义学者写的，也要有资产阶级学者写的。关于研究拿破仑的书，他同时找来苏联、法国和英国学者写的《拿破仑传》和有关著述，对照起来读。关于《楚辞》，他在1957年12月一次就要了五十余种古今对《楚辞》有价值的注释和研究书籍。关于研究《老子》的著作，他在1959年10月23日外出时带走的书籍中，就有"关于《老子》的书十几种"。

读书有法
毛泽东的读书故事

与此相关，毛泽东还一直强调，要阅读一些和自己的观点相反的书，包括反面的书。1957年，他对领导干部讲，要读蒋介石的书这些反面的东西。我们有些共产党员、共产党的知识分子的缺点，恰恰是对于反面的东西知道得太少。读了几本马克思的书，就那么照着讲，比较单调。讲话，写文章，缺乏说服力。1965年初，他让中宣部编辑出版蒋介石的全集，中宣部根据这个意见编辑了《蒋介石言论集》系列，准备每本印五千册。毛泽东批示："五千册太少，应出一万册。"20世纪60年代，毛泽东多次讲，不读唯心主义和形而上学的书，就不能真正懂得唯物主义和辩证法，并说："这是我的经验，也是列宁的经验，也是马克思的经验。"

读书不仅要做到传统的"四到"，还要注重讨论

古人强调读书要"眼到""口到""手到""心到"。"眼到"好理解。毛泽东的"口到"，不光是自己吟诵，还经常在一些场合，给人讲书，直接宣达自己的阅读体会和收获。所谓"手到"，就是动手写笔记，写批注，由此体现"心到"。目前编辑出版的毛泽东读书批注，就有《毛泽东哲学批注集》，收了他读十本哲学书的批注和一篇读书摘录；《毛泽东读文史古籍批语集》，收了他读三十九部文史古籍和范仲淹两首词的批语；《毛泽东评点二十四史》（评文全本），共五卷，收了他在二十四史中的一些书里作的圈画和

批注；《毛泽东手书古诗词选》《毛泽东手书历代诗词曲赋典藏》等，则反映了他读古代文学作品时随手书录的情况；十三册《建国以来毛泽东文稿》，收了他读各种书刊和文章的批示、批注和批语，数量很多。

毛泽东读书，还有一个"耳到"，即组织读书小组由人念，大家听，再一起讨论，由此相互启发，碰撞出思维的火花。比如，青年时代，他组织过读书小组；在延安时他组织过关于克劳塞维茨《战争论》的读书小组；1959年底又组织读书小组到杭州等地研读苏联的《政治经济学（教科书）》。晚年他眼睛不好，就请人读书给他听，边听边议。

读书的时候要善于当"联系员"

读书要当"联系员"，是毛泽东1958年11月同山西省委书记陶鲁笳等人谈话时提出来的。只有当"联系员"，才能对所读之书有所比较和分析，进而见人之未见。

所谓"联系员"，有两层含义。

一是把书中写到的观点主张、人物事件，同与这些观点主张、人物事件有关的或对立的另一个侧面，联系起来思考和理解。例如，毛泽东读《史记·高祖本纪》，不仅关注刘邦的内容，还联系书中有关刘邦的对立面项羽的描写，来作比较，进而加深理解，由此得出"项王非政治家，汉王则为一位高明的政治家"的结论。再如，毛泽东读日本学者坂田昌一谈基本粒子还可以再往下分的《关于量子力学理论的解释问题》，就联系《庄子》里说的"一尺之捶，日取其半，万世不竭"的观点来理解，认为坂田昌一说的"是对的"。

二是善于跳出书本，联系现实来理解和发挥。毛泽东1958年读斯大林《苏联社会主义经济问题》时写的批语中，表达出这种读法的好处，他说，把书中的"'我国'（指苏联——引注）两字改为'中国'来读，就十分有味道"。他针对现实工作中存在分散主义、本位主义和有禁不止的情况，要求党的领导干部读《史记》时，要体会秦始皇在统一六国的战争中，善于调动各方面的力量集中到主攻方向上来的领导方法。读苏联的《简明哲学辞典》时，毛泽东就抓住其"同一性"条目只强调矛盾的对立、否定矛盾转化这个形而上学观点，把它同斯大林时期苏联不善于处理人民内部矛盾，不做敌我矛盾转化的情况，联系起来理解，进而认为，这个条目反映了斯大林晚年政治上犯错误在思想方法上的根源。

读书的时候要善于当"评论员"

这也是毛泽东1958年11月同陶鲁笳等人谈话时提出的观点。所谓"评论员"，就是对书中内容要有自己的看法，要有所评论，不是跟在书本后面亦步亦趋，而是从自己的知识背景和实践需要出发，对书本知识进行创造性的发挥，进而达到学以致用的目的。

　　毛泽东的读书笔记和谈话，常常体现出政治家的敏锐和见识。《通鉴纪事本末·石勒寇河朔》叙述石勒拿不定主意是否攻取幽州，问计于谋士张宾，张宾详细分析了王浚、刘琨和乌桓几方面的情况，帮助他下决心攻取幽州，毛泽东从中读到的是"分析方法是极重要的"。毛泽东读《汉书·赵充国传》，认为赵充国建议汉宣帝实行屯田的奏折，由于分析得当，才取得了对公卿们"说服力强之效"；读《老子》，说其中的"祸兮福所倚，福兮祸所伏"一句是告诫人们分析问题"不但要看到事物的正面，也要看到它的反面"；读《不怕鬼的故事》，认为《宋定伯捉鬼》一篇对"新鬼大，旧鬼小"的描述，说明对具体事物"要具体分析"。从这些评论，可以看出毛泽东是如何注重并善于从书本中读出认识和改造客观世界的方法论的。

　　当"评论员"的读书方法，使毛泽东常常在书中见识到一般读书人所难见到的精妙，发一般读书人所难发的评论。诸如，他认为过去被看作荒淫无度的商纣王，其实是一个很有本事、能文能武的人；宋玉的《登徒子好色赋》有辩证法，歌颂了一个模范丈夫；枚乘的大赋《七发》，是批判保守主义的；贾谊的《治安策》是最好的政论；《水浒传》里的"三打祝家庄"，反映了搞统一战线的重要性；《红楼梦》写的是封建社会历史；等等。这些评论，往往成为前人和今人所未曾言到的一家之言。

　　以上读书之法，彰显了理论联系实际的学风，反映了毛泽东的读书活动同客观实践的深刻关联。这种关联，激活了书本，让一些"闲"书有用，"死"书变活；也激活了毛泽东的思考，使他常有新的思想收获，进而在实践中有新的运用和发挥。比如，他细读苏联威廉斯的《土壤学》，就推荐给党内领导干部，说"那里面有许多农作物生长的道理"。他随后提出"农业八字宪法"（土、肥、水、种、密、保、管、工），不能说与这本书讲的"道理"没有关联。毛泽东1964年读了竺可桢的论文《论我国气候的几个特点及其与粮食作物生产的关系》后，又有新的收获，当面对竺可桢说他的文章写得好，"农业八字宪法"尚有缺点，还应该加上光和气（日光和气候），"农业八字宪法"只管地，他的文章管了天。

毛泽东的读书理念和把书读"活"的本事，为党内领导层推崇。朱德1943年10月在中央政治局扩大会议上发言时说，毛泽东读的书也不比别人少，但他读得通，能使理论与实际合一。刘少奇1958年3月在成都中央工作会议上发言时讲道：对主席的思想、观点、方法，认真地切实地学习，是可以学到的；但有些是不可及的，例如看那么多书，记忆力那么强，有那么丰富的理论和经验，特别是那么丰富的历史知识，这些在我们党内是没有一个人能及的。

目 录

熟读"诸子百家"

1

史书手不释卷

爱读诗词文赋

巧读古典小说

熟读『诸子百家』

毛泽东小时候读什么书

今天的中国，早已没有了叫私塾的学校。毛泽东发蒙读书的时候，城里已经办起不少洋学堂，但偏远些的乡村，孩子们上学，基本上还是跟着私塾先生，摇头晃脑地齐声高念"子曰""诗云"。

1936年，领着红军到达陕北的毛泽东，对来访的美国记者斯诺，这样说到小时候的读书经历："我八岁那年开始在本地一个小学堂读书，一直读到十三岁。早晚我到地里干活。白天我读孔夫子的《论语》和'四书'。我的国文教员是主张严格对待学生的。他态度粗暴严厉，常常打学生。因为这个缘故，我十岁的时候曾经逃过学。"

由于翻译的原因，这段记载中说的"小学堂"，实际上是指私塾；所谓"国文教员"，实际上就是私塾先生。反复读"四书""五经"，则是真的，因为这是当时"小学生"们的不二选择。

所谓"四书"，是指《大学》《中庸》《论语》《孟子》；所谓"五经"，是指《周易》《尚书》《诗经》《礼记》《春秋》。总体来说，"四书""五经"是反映孔夫子那一派思想（人们也称儒家思想）的书。明朝和清朝，"四书"被定为科举用书，成为每个读书人参加"高考"的必读书，在相当程度上，影响着中国人的世界观、人生观和价值观。

毛泽东小时候，生得虎头虎脑，聪慧过人，深得外公外婆的欢心，因此八岁之前，一直在外公家寄居。外公家是个大家族，设有家塾，童年毛泽东常去旁听，里边的学生背书，他听过就能背下来，还能写字、背古诗，常常让大人们惊喜。毛泽东八岁被接回韶山读书，先后断断续续地在好几个私塾读过书。

根据有关回忆，毛泽东六年的私塾读书生活，归纳起来有这样几点引人注目。

一是书读得比较多，起点高。像《三字经》《幼学琼林》，以及《论语》《孟子》《诗经》这些书，他都下功夫背过的，后些年头，他甚至读了《春秋公羊传》、《春秋左氏传》（即《左传》）这些今天的青少年未必读过的书。

二是毛泽东小时候有读书天分，瘾头大，从小就会查《康熙字典》，而且记性好。

三是不喜欢死记硬背。旧时私塾，老师只点书，不讲解，学生只是死记硬背。毛泽东觉得无聊，就偷着看杂书，私塾先生发觉后，就故意多点些"四书"之类的书让他背，他都能背得出来。

这样的学习状态，是不是有些像今天的学霸？

毛泽东晚年，经常说起他小时候读书的情形。

比如，1964 年 8 月，他对人说："我过去读过孔夫子的书，读了'四书''五经'，读了六年。背得，可是不懂。""很相信孔夫子，还写过文章。"

毛泽东说的"背得，可是不懂"，是那时候私塾先生教书给学生们带来的普遍影响。要是一个十来岁的孩子，能搞懂"四书""五经"里那些陈义高古的意思，肯定是中国科技大学少年班的好苗子，可惜，连毛泽东这样有读书天赋的人也不懂。可见，只照本宣科而不讲解的教学方式，实在有问题。学生消化不了，理解不了，自然缺少兴趣。不过，死记硬背，从小记在脑中，成年后理解力强了，聪明的人会信手拈来一些警句名言或精彩段落。毛泽东后来对"四书""五经"的运用、发挥，十分自然，正说明了这一点。

毛泽东后来成了相信马列主义的革命家，但他并没有完全抛掉读了六年孔夫子的书的成果。在延安的时候，他就提出，"从孔夫子到孙中山"这笔遗产，我们需要继承。1954 年 9 月 14 日，在中央人民政府委员会的临时会议上的讲话中，毛泽东还直接说"孔子是革命党"。他的原话是："孔夫子著《春秋》'而乱臣贼子惧'，那是孟子讲的。其实当时孔夫子周游列国，就是哪里在造反他就到哪里去，哪里想革命他就到哪里去。所以此人不可一笔抹煞。"当然，毛泽东也说："我们共产党看孔夫子，他当然是有地位的，因为我们是历史主义者。但说是圣人，我们也是不承认的。"

另外，由于对私塾先生让死记硬背的教学方式，毛泽东自小留下了很不好的印象，晚年还把孔子看成自学成才的典型和从事简化而有效的平民教育的先驱。他说："孔夫子出身贫穷，放过羊，当过吹鼓手，还做过会计。会弹琴、射箭、驾车子，还搞历史书。他学会了'六艺'。孔子的教育只有六门课程，礼、乐、射、御、书、数，教出颜回、曾参、子思、孟子四大贤人。现在的课程就是多，害死人。"

这里说的孔子教的六门课程，大体是指礼节（相当于今天的德育课）、音乐、射箭、驾马车、书法、思考和做事情时运用规律的技巧和方法。

从《论语》看怎么学，怎么教

《论语》集中记载了孔子的言行思想。自幼熟读《论语》的毛泽东，从中发现了什么好的东西呢？

1930年5月，毛泽东写过一篇很有名的文章，叫《反对本本主义》，里面说，许多做领导工作的人，"遇到困难问题，只是叹气，不能解决。他恼火，请求调动工作，理由是'才力小，干不下'。这是懦夫讲的话。迈开你的两脚，到你的工作范围的各部分各地方去走走，学个孔夫子的'每事问'，任凭什么才力小也能解决问题，因为你未出门时脑子是空的，归来时脑子已经不是空的了，已经载来了解决问题的各种必要材料，问题就是这样子解决了"。

这里讲的孔夫子"每事问"，出自《论语·八佾》，说有一次孔子来到供奉周公的太庙，遇到每件事都发问，想弄明白。有人便说："谁说这个小子懂得礼数呢？他在太庙里每件事都要向别人请教。"孔子听到这话，回应说："这正是礼呀。"原文的本来意思是表达孔子对周公、周礼尊敬和谨慎的态度，同时也说明他重视多见多闻、虚心请教。毛泽东的引用，主要是后面这个意思，把"每事问"当作一种工作方法，以此来说明我们每个人，要干成事情、解决难题，必须搞调查研究。

毛泽东一生都重视调查研究。在湖南省立第一师范学校读书的时候，他便利用假期，约上要好的同学外出游学。所谓游学，就是不带分文，去了解社会民情，沿途靠给别人写些对联之类，弄到饭吃，有时候便住在寺庙里。参加革命后，他作的调查研究，就更多了，他写的许多调查报告，对中国革命和建设都产生了大影响。原中央文献研究室还编辑出版过一本《毛泽东农村调查文集》。

孔子"每事问"，还有一层意思，就是不要什么事情都假装懂得。1945 年 4 月，毛泽东在中国共产党第七次全国代表大会上作口头报告，明确反对不懂装懂，提出"不装"的要求。毛泽东引用《论语·为政》里的话解释说："什么是不装？就是'知之为知之，不知为不知'。孔夫子的学生子路，那个人很爽直，孔夫子曾对他说：'知之为知之，不知为不知，是知也。'懂得就是懂得，不懂得就是不懂得，懂得一寸就讲懂得一寸，不讲多了。"

至于孔子强调"博学于文"，要广泛地学习六艺，因而在方法上就要多见多闻，虚心请教，"三人行，必有我师焉。择其善者而从之，其不善者而改之"，"敏而好学，不耻下问"，等等。对这些说法，毛泽东都是很熟悉的，在他的著作和讲话中经常引用。

孔子和《论语》的影响是多方面的，其中，一个显著贡献是在教育方面。在他之前，学在官府。《左传》记载郑国有乡校，那也只有大夫以上的人及他们的子弟才能入学。私人设立学校、开门招生，恐怕孔子是第一人。他收学生，不问贵贱，有教无类，用《论语》里孔子自己的话说，只要主动交来一束干腊肉，"吾未尝无诲焉"，即"我从没有不教诲的"。事实上，他的学生也是出身贫贱者多。

毛泽东很欣赏孔子有教无类的做法。他多次讲过，"老百姓送学生进学校，还是从孔子开始的"，"孔子办学校的时候，他的学生也不少，'贤人七十，弟子三千'，可谓盛矣"。

孔子有那么多弟子，受教育程度不一，孔子的办法便是因材施教。毛泽东很赞赏这个方法。

据《论语·先进》记载，有一次子路问孔子："听到就该行动起来吗？"孔子说："有父亲、兄长在，怎么能一听到就擅自行动呢？"冉有问："听到就该行动吗？"孔子说："听到了就行动。"另一个学生公西华对孔子说："他们两人问的是同一个问题，而您的答复却相反，我有些糊涂，大胆来问问。"孔子回答："冉有平日做事退缩，所以我给他壮胆，鼓励他进取。子路的胆量有两个人的大，勇于作为，所以我压压他，让他谨慎一些。"

这个例子很生动，孔子的不同回答也是有道理的。1944年3月，陕甘宁边区召开文化教育会议，毛泽东在会上专门讲道："在教学方法上，教员要根据学生的情况来讲课。教员不根据学生要求学什么东西，全凭自己教，这个方法是不行的。……了解学生的历史、个性和需要，然后再拿三分去教学生。这个方法听起来好像很新，其实早就有了，孔夫子就是这样教学的。同一个问题，他答复子路的跟答复冉有的就不一样。子路是急性子，对他的答复就要使他慢一些；冉有是慢性子，对他的答复就要使他快一些。"

读书有法
毛泽东的读书故事

《大学》告诉我们
"学有本末，事有终始"

　　《大学》是一篇论述儒家修身齐家治国平天下思想的文章，相传为春秋战国时期孔子的学生曾子所作。曾子，就是曾参，他在儒家学派的发展史上有很重要的地位。后人把他和孔子、孟子、颜回放在一起，合称"四圣"。孔子是"圣人"，孟子是"亚圣"，颜回是"复圣"，曾参则是"宗圣"。

　　宋朝的大儒朱熹，将《大学》分为"经"（曾参记述的孔子的话）和"传"（曾参的弟子记述曾参的话），写成《大学章句》，通过注释来阐发自己的意思。朱熹还把《大学》《论语》《孟子》《中庸》并称合编为"四书"。宋朝以后，《大学》成为学校官定的教科书和科举考试的必读书，它不仅对中国宋朝以后的教育产生很大影响，对中国人的政治伦理思想和实践的影响，也非同一般。

　　《大学》之所以受到后世儒家推崇，是因为它提出"三

纲领"和"八条目"的治国体系。所谓"三纲领",就是
"明明德"(发扬人人具有的光明德行)、"亲民"(让光明德
行推己及人,使每个人都能在思想道德上除旧革新)、"止
于至善"(使人们的道德品质永远保持完美无缺的境界)。
所谓"八条目",就是人们熟知的"格物、致知、诚意、正
心、修身、齐家、治国、平天下",意思是要完成个人道德
上的完善,就要掌握伦理道德的标准。只有经过认真研究,
才能掌握标准,掌握了标准,才能心悦诚服地指导自己的
行动,从而由己及人地完善德行,最后才能建立治国平天
下的事功。

《大学》是毛泽东接受发蒙教育的必读书。老师虽然只
要求学生死记硬背,但天资聪慧的毛泽东有过目不忘的本
事,记住了《大学》中的许多名句。后来到长沙继续求学
期间,他也时常接触和研读这本书。随着年龄的增长,理
解力提高,《大学》的思想主张,事实上成为较早注入毛泽东
文化血液里的传统因子。他经常在文章、书信或讲话中,
引用、化用《大学》里面的句子。

比如,1917 年 4 月 1 日,毛泽东在《体育之研究》一
文中,引用《大学》"学有本末,事有终始,知所先后,则
近道矣"的话,说体育锻炼是先、是本,"体育于吾人实占
第一之位置"。为什么这样讲呢?毛泽东的答案是:"体强
壮而后学问道德之进修勇而收效远。"他的意思,有些像我
们今天说的,有一副好身体,是提升自己内在能力,干出
一番事业的前提和本钱。

读书有法
毛泽东的读书故事

《大学》对青年毛泽东的影响，比较突出的一点，是关于怎样去学习研究事物的道理。1915 年 9 月 6 日，他给好朋友萧子升写信说，他最近读《中庸》，里面讲到"博学"的问题，进而觉得朱熹对《大学》里"格物致知"的解释是有道理的。《大学》讲的"格物致知"，是儒家经学中的一个认识论命题，历来解释颇多分歧。简单地说，"格物致知"就是要通过接触和研究事物（格物），来获得知识，弄通事物的本质（致知）。

毛泽东在这封信中，引用了一大段朱熹解释"格物致知"的文字，大意是说，《大学》一开始就教学习的人接触天下万事万物，用自己已有的知识去深入研究它们的规律，经过长期用功，总有一天会豁然贯通，把事物的表里粗精辨别得清清楚楚，从而使自己内在的认识能力和心性修养，得到淋漓尽致的发挥。

对朱熹《大学章句》里的这个主张，毛泽东很是敬佩，在信中写道："窃以为是天经地义，学者之所宜遵循。"这里说的"学者"，是指所有学习的人。

还是在这封信中，毛泽东从"博学"出发，进一步提出了"通识"的命题。所谓"通识"，就是在"观古今之群籍"的基础上，贯通各方面的知识，诸如地理、历史、政治、军事、产业、交通、宗教等。在毛泽东看来，缺少通识，做起事情来很容易出现错误乃至失败。他在信中还举了王安石变法的例子，说王安石想改革是对的，但他为了说服人们要改革，专门去注解《周礼》这样的古书，"可谓有专门之学者矣"，但他"无通识，并不周知社会"，就是掉进了古书里，并不了解社会现实各方面的变化，推行的改革政策不配套，所以改革最终失败了。由此，毛泽东表示，自己"系其心于学校，惟通识之是求也"。

毛泽东的意思是，我在学校读书，一定要求得社会通识。这句话，对今天的青少年读书学习，是有启发的。

教人不走极端的《中庸》

被列为"四书"之一的《中庸》，相传是孔子的孙子孔伋即子思写的。

《中庸》一书，共三千五百多字，其主要内容是讲君子之道，认为"中庸"是道德行为的最高标准，把"诚"看成是世界的本体，认为"至诚"则达到人生的最高境界，并提出"博学之，审问之，慎思之，明辨之，笃行之"的学习过程和认识方法。中庸是中华民族古典哲学很有名的概念，曾广泛而深刻地影响中国人的为人处事之道。有人说，中庸讲的是既不善又不恶的人的本性。

1915 年 9 月 6 日，毛泽东就为学习中的"博"与"约"、"通"与"专"的关系，在致萧子升的信中表达了自己的观点："仆读《中庸》，曰博学之。"尽管《中庸》是毛泽东读私塾时的"必修课"，但这封信却是目前所见的毛泽东谈及《中庸》的较早文字。在这以后，毛泽东在文章、书信中，多次谈及《中庸》。在实践中，他更是常常借鉴其思想，并赋予新的解释。如他曾用"矫枉过正"指导农民运动，把"过犹不及"作为重要的思想方法，加以推广。

"过犹不及"是对中庸的具体解释之一。有一次，子贡问孔子："子张与子夏哪一个人好些？"孔子答道："子张有些过，子夏有些赶不上。"子贡又问："那么是不是子张比子夏好呢？"孔子又说："过犹不及。"过犹不及即过了头，与未达到是一样的，也不好。

1939年2月20日，在给张闻天的信中，毛泽东写道："'过犹不及'是两条战线斗争的方法，是重要思想方法之一。"为了更明确地理解中庸观念所包含的"过犹不及"的辩证法内容，毛泽东引了朱熹对《中庸》的一段注解。《中庸》里说，舜帝是一个有大智慧的人，他善于隐藏别人的坏处，宣扬别人的好处，过与不及两端的意思他都掌握，采纳适中的用于老百姓。朱熹的解释是，事物都有不同的两个方面，比如有大有小、有薄有厚。在善的内涵里又能够把握不同的两个方面，掌握好度，然后运用它，这种审慎的选择就可以达到效果。然而，如果不是考虑权衡的精确、没有差错，是没法达到效果的。这就看出，道之所以能实行，就在于智慧没有过头和未达到。

毛泽东认为，朱熹的这个注解大体是对的，但"'两端'不应单训为'众论不同之极致'，而应说明即是指的'过'与'不及'。'过'的即是'左'的东西，'不及'的即是右的东西"。联系"左""右"来解释"过"与"不

读书有法
毛泽东的读书故事

及"，很有意思。办事情过了头，就是"左"；办事情犹豫不决，就是"右"。

在这封信里，毛泽东还用辩证法中的质量互变原理，对中庸观念的"过犹不及"命题进行了新的解释。他说，事物的发展变化包括量变和质变两个阶段。当一个事物处于量变阶段时，其质不变，这就是事物质态的"安定性"；当一个事物经历质变阶段后，它便转化成了另一个事物，所以事物质态的安定性又是"相对的"。毛泽东认为，"过"与"不及"就是混淆了不同事物或不同阶段的质的区别。当事物处于量变阶段，未实现质的转化，便"说这个事物已经不是这种状态而进到别种状态了……就是'过'或'左'倾了"。当这个事物已经发生质变，成了新的事物，仍然"说这个事物还停止在原来状态并无发展，这是老的事物，是概念停滞，是守旧顽固，是右倾，是'不及'"。

此外，《中庸》提出"知、仁、勇三者，天下之达德也"。毛泽东对《中庸》说的"三达德"专门作了新的解释和发挥。他说："知仁勇被称为'三达德'，是历来的糊涂观念，知是理论，是思想，是计划，方案，政策，仁勇是拿理论、政策等见之实践时候应取的一二种态度，仁像现在说的'亲爱团结'，勇像现在说的'克服困难'……如果做事不忠实，那'知'只是言而不信，仁只是假仁，勇只是白勇。"

这样来解释《中庸》倡导的君子之道，还真是新鲜的创见。

永久奋斗：要有孟子说的浩然之气

先秦儒家的传承脉络很有意思。孔子的学生曾参，是孔子的孙子子思的老师，而子思也教出了一个有名的学生，就是孟子。从孔子到孟子，看来是一脉相传。

毛泽东心念孔夫子，当然也兼及孟子。1936年，他在接受美国记者斯诺采访时，曾谈到自己在山东的一次旅行。他说："在前往南京的途中，我在曲阜停了一下，去看孔子的墓。我看到了孔子的弟子们濯足的那条小溪和孔子幼年所住的小镇。在有历史意义的孔庙附近的一棵有名的树，相传是孔子栽种的，我也看到了。我还在孔子的一个著名弟子颜回住过的河边停留了一下，并且看到了孟子的出生地。在这次旅行中，我还登上了山东的神岳泰山。"

毛泽东讲的是1920年4月，他由北京到上海的经历。当时，他和要去法国的学生一同前往上海，却只有到天津的车票，到天津后不知道怎么再往前走。"天无绝人之路"，毛泽东很幸运地从同学那借到了十元钱，能够买一张到浦口的车票。于是，他就有了这次到山东爬泰山，凭吊古代圣人孔子、孟子，瞻仰邹县（今邹城市）"孟子的出生地"的经历。

早年在私塾的时候，毛泽东就读到过《孟子》，后来在湖南省立第一师范学校时又多次读过。对《孟子》一书及其观点，毛泽东是十分熟悉的。

比如，《孟子·公孙丑下》里提出："得道者多助，失道者寡助。寡助之至，亲戚畔之。多助之至，天下顺之。"毛泽东在文章和讲话中多次引用过这个说法。1938 年 5 月他写的《论持久战》，就讲道："日本虽能得到国际法西斯国家的援助，但同时，却又不能不遇到一个超过其国际援助力量的国际反对力量。这后一种力量将逐渐地增长，终究不但将把前者的援助力量抵消，并将施其压力于日本自身。这是失道寡助的规律，是从日本战争的本性产生出来的。"1970 年为反对美国军队入侵柬埔寨，毛泽东发表的"5·20"声明，也引用了"得道多助，失道寡助"。

《孟子》提出以养"浩然之气"为核心的个人修养思想，主张"富贵不能淫，贫贱不能移，威武不能屈，此之为大丈夫也"。孟子认为，一个人要成大器，必须严格地艰苦锻炼。他说："故天将降大任于斯人也，必先苦其心志，劳其筋骨，饿其体肤，空乏其身，行拂乱其所为，所以动心忍性，曾益其所不能。"这些话，已经成为千古名言，一直激励后人，为国家、民族的利益而刻苦自励，奋发向上。

1939年4月8日，毛泽东在中国人民抗日军事政治大学（简称"抗大"）检讨工作总结晚会上提出，抗战要干到底，不半路不干，不要做叛徒和汉奸。他说，一种人被捉了，要杀就杀，这种英雄的人中国历史上有很多，如文天祥、项羽、岳飞，决不投降，他们就有这种骨气，"中国多少共产党员被捕杀头，这是威武不能屈"。

一个多月后，5月30日，在延安庆贺模范青年大会上，毛泽东以"永久奋斗"为题，再次号召青年们要有"坚定正确的政治方向"。他说："这个方向是不可动摇的，要有'富贵不能淫，贫贱不能移，威武不能屈'的骨气来坚持这个方向。这样的青年，才是真正的模范青年。这样的道德，才算是真正的政治道德。我们对道德是这样的看法。有一些人，他们嘴上道德、气节乱喊一阵，但在政治上是不坚定的，中途会变节的，这是无道无德。"所以，"我们说：永久奋斗，就是要奋斗到死。这个永久奋斗是非常要紧的，如要讲道德就应该讲这一条道德。模范青年就要在这一条上做模范"。

1944年4月9日，在给陈毅的信中，毛泽东写道："凡事忍耐，多想自己缺点，增益其所不能；照顾大局，只要不妨大的原则，多多原谅人家。忍耐最难，但作一个政治家，必须练习忍耐，这点意见，请你考虑。"

1965年7月，毛泽东女儿李讷从北京大学历史系毕业。毛泽东送了四句话给女儿作为座右铭，第一句就是"天将降大任于斯人也，必先苦其心志，劳其筋骨，饿其体肤，空乏其身，行拂乱其所为，所以动心忍性，曾益其所不能"。

人的成长是需要磨砺的，天将降大任于斯人也，必须增益其所不能，毛泽东从青少年时代起就喜欢《孟子·告子下》中的这段话，正如他在《讲堂录》中有这样的记录："惟安贫者能成事，故曰咬得菜根，百事可做。"他自己一生也是这样做的。

老子说的"祸福相生"，是辩证法

　　《老子》，又称《道德经》，是道家的主要经典，相传为春秋末期老聃所著。《老子》虽只有五千言，但其内涵却很丰富、深奥。毛泽东在青年时代，对《老子》一书即已非常熟悉。他1913年在湖南省立第四师范学校（不久合并到湖南省立第一师范学校）读书时写下的《讲堂录》里，便写道："《老子》：天下莫柔弱于水，而攻坚强者莫之能先。"

　　1917年暑假，毛泽东同萧子升一道"游学"时，在宁乡境内拜访了隐居的刘翰林。在同刘翰林的谈话中，他们说到了《老子》和《庄子》。据萧子升回忆，在问答中，毛泽东说他们读过《十三经》，也读过《老子》和《庄子》，还回答了刘翰林的问题："最好的《老子》注是王弼作的，最好的《庄子》注是郭象作的。"

　　1917年下半年至1918年上半年读泡尔生《伦理学原

理》，毛泽东在批语中说到没有"大同之境"存在时，写了这样一段话："是故老庄绝圣弃智、老死不相往来之社会，徒为理想之社会而已。"其中所概括的，便是《老子》里的话。《老子》第十九章曰："绝圣弃智，民利百倍；绝仁弃义，民复孝慈；绝巧弃利，盗贼无有。"《老子》第八十章曰："邻国相望，鸡犬之声相闻，民至老死，不相往来。"

新中国成立后，毛泽东也经常读《老子》。例如，1959年10月23日，毛泽东外出前指名要带走的书籍中，便有"关于《老子》的书十几种"。看来，他是要认真研读一番各家注释和研究《老子》的著述。

《老子》是一部哲学书。毛泽东最看重的，便是其中体现的朴素辩证法思想，即有关对立统一和矛盾转化的论述。书中提出了有无、难易、长短、高下、音声、前后、美丑、损益、刚柔、强弱、祸福、荣辱、智愚、巧拙、大小、生死、胜败、攻守、进退、静躁、轻重等一系列对立统一的概念，认为事物都是一分为二的。

在矛盾转化方面，《老子》认为事物都是向相反方向转化的。书中举出的诸如"物壮则老""正复为奇，善复为妖""祸兮福所倚，福兮祸所伏""曲则全，枉则直；洼则盈，敝则新；多则得，少则惑"等例证，说明强弱、祸福、曲直、洼盈等对立的事物都会向它们的对立面转化。

1957年，毛泽东在《关于正确处理人民内部矛盾的问题》中，就以其中祸福相依相伏的思辨方法和抗日战争的历史事实，来强调事物的矛盾转化的观点。他讲道："我们必须学会全面地看问题，不但要看到事物的正面，也要看到它的反面。在一定的条件下，坏的东西可以引出好的结果，好的东西也可以引出坏的结果。老子在二千多年以前就说过：'祸兮福所倚，福兮祸所伏。'日本打到中国，日本人叫胜利。中国大片土地被侵占，中国人叫失败。但是在中国的失败里面包含着胜利，在日本的胜利里面包含着失败。历史难道不是这样证明了吗？"

怎样实现矛盾的转化？《老子》强调以退为进、以静制动、以柔克刚、以弱胜强。正是从这个意义方面，《老子》被一些学者视为兵书。毛泽东也很重视这些转化原则。1936年12月，毛泽东写的《中国革命战争的战略问题》，在总结土地革命战争的经验教训时，强调要改变敌我强弱力量的对比，使之发生于我有利的变化，要实行必要的战略退却，暂时放弃一些土地和城池。接着，他引用了《老子》第三十六章中关于"将欲废之，必固兴之；将欲取之，必固与之"的策略来加以说明。他说："关于丧失土地的问题，常有这样的情形，就是只有丧失才能不丧失，这是'将欲取之必先与之'的原则。如果我们丧失的是土地，而取得的是战胜敌人，加恢复土地，再加扩大土地，这是赚钱生意。"随后，他还用生活中一些通俗的事例来反复说明这个道理，如做生意。在市场交易中，买者如果不丧失金钱，就不能取得货物；卖者如不丧失货物，又从何得到金钱？在日常生活中，睡眠和休息虽然丧失了时间，却取得了明天工作的精力。

毛泽东对《老子》里"将欲取之，必固与之"这句话印象很深。1964 年 8 月 30 日的一次谈话中，他说："我看老子比较老实，他说'将欲取之，必固与之'，要打倒你，先把你抬起来，搞阴谋，写在了书上。"

我们也会变成庄子想象的"鲲鹏"

　　庄子是战国时蒙（今河南省商丘市东北）人，是个下层小官。他继承和发展老子思想，成为道家学派的主要代表。现在所传的《庄子》三十三篇，其中内篇七篇，历来认为是庄子所作，其余诸篇许多人认为是后来道家托作。庄子的文章雄丽汪洋、生动活泼，颇富浪漫和幽默气息，一向为后人推崇。

　　毛泽东1913年冬在湖南省立第四师范学校读书时，写了一段读《庄子·逍遥游》的心得笔记。从庄子的议论中，毛泽东引申出必须厚积薄发的人生道理。他以李鸿章为例，说李鸿章早年参加镇压太平天国和捻军起义，虽取胜建功，但正如庄子说的，只是以杯水载草芥之舟；而后来他办理国务，着着失败，则如庄子说的以大舟行于浅水，自然无力，因"水之积也不厚"。在毛泽东看来，庄子的水舟议论，可以使那些浅薄的人，好好自我反思。

读书有法
毛泽东的读书故事

毛泽东从青年时代起，对《庄子》便读得很熟，时常在自己的言论中引用《庄子》里的原话或其寓言。他最喜欢的，还是《庄子·逍遥游》。

在这篇文章里，庄子说，北海里有一种鱼，名字叫鲲。鲲非常巨大，不知道几千里长。变化成鸟，名字叫鹏。鹏的后背也十分巨大，不知道几千里宽。当它振翅飞起来时，它的翅膀就好像挂在天上的云彩。庄子说他看见一本叫《齐谐》的志怪书中记载，鲲鹏从北往南飞，翅膀拍打水响，能激起三千里的浪涛，绕着旋风飞上了九万里的高空。毛泽东很喜欢庄子笔下的大鹏这个寓言形象。

1945 年 4 月 24 日，在中共七大作的口头政治报告中，他讲道：

由分散的游击战逐渐转变到正规的运动战，由游击战为主逐渐转变到以运动战为主。在抗战初期……靠打麻雀战，打游击战。麻雀满天飞，哪里有东西吃，就飞到哪里去。……客观事实完全证明了，我们这个麻雀与别的麻雀不同，可以长大变成鹏鸟。从前中国神话中说：有一个大鹏鸟，从北方的大海飞到南方的大海，翅膀一扫，就把中国扫得差不多了。我们也准备那样，准备发展到三百万、五百万，这个过程就要从小麻雀变成大麻雀，变成一个翅膀可以扫尽全中国的大鹏鸟。

他把中国共产党及其军队的发展比作一只翅膀可把中

国扫尽的大鹏。

此外，毛泽东还多次以这个形象入诗，最早是 1918 年他为准备东渡日本的罗章龙而作的《七古·送纵宇一郎东行》。诗中写道："君行吾为发浩歌，鲲鹏击浪从兹始。"这是指点江山、激扬文字的青年毛泽东的喻人和自喻，其"要将宇宙看稊米"的胸怀和"到中流击水"的信念，跃然纸上。毛泽东如鲲鹏一般激越壮观的生涯，便是从这里起步的。

在这首诗里，鲲鹏形象的寓意还较抽象，是一种信念崇拜和自我夸张。他当时写的一首诗中，有"自信人生二百年，会当水击三千里"两句，也是出自《庄子·逍遥游》："鹏之徙于南冥也，水击三千里。"

1963 年 12 月，毛泽东作《七律·吊罗荣桓同志》，于悼念叙往的情境中，突然而出"斥鷃每闻欺大鸟，昆鸡长笑老鹰非"两句，设置了"斥鷃""昆鸡"和"大鸟""老鹰"两组渺小与崇高对立的形象，以喻人事的褒贬。大鸟即鲲鹏，斥鷃泛指小雀。

庄子在《逍遥游》里描绘道，斥鷃等宵小之辈，抬头望见背若泰山，绝云气、负青天在天空中展翅的大鹏，颇不以为意地说："我一跳就飞起来，不过数丈高就落下来，在蓬蒿丛中盘旋，这已是极好的飞行了。而它还要飞到哪里去呢？"燕雀不知鸿鹄之志，这是人世间常有的事。毛泽东在诗中袭此意象，把悼念战友的深情，把对罗荣桓的赞扬和倚重之意，引向更开阔的视野，引向国际国内不断变化的风云，引向他对当时形势的看法。

愚公为什么能够移山

先秦诸子中，列子（列御寇）的生卒年月不可考，大约比庄子早些。因为《庄子》中多次称道列子，还专有《列御寇》一篇。今传《列子》有八篇文章，从思想内容和语言的使用来看，可能是晋人的作品。列子的学说近于庄周，大部分属于民间故事、寓言和神话传说。

《列子》中的"儿童辩日""歧路亡羊""纪昌学射"等寓言，都是思想深刻的哲学寓言。

"愚公移山"是《列子·汤问》中的一则，毛泽东对其非常熟悉。仅据有文字可查的记录来看，1938年、1939年在抗大、陕北公学等学校的讲演中，毛泽东不下五次讲述了愚公移山的故事，以此来说明对革命事业应抱有必胜信念。例如，1939年1月28日在延安清凉山抗大第五期开学典礼上的演讲中，毛泽东说：我们是长期抗战，现在同志们都没有长胡子，等长了胡子了，抗战还未胜利，就交枪给儿子，儿子长胡子了，就交枪给儿子的儿子，这样下去，何愁抗战不胜，建国不成？这个道理是古时候一个老头儿发明的，我们打日本，也是这条道理。

在1945年中共七大闭幕会上，毛泽东以"愚公移山"为题发表演讲，并非偶然。当时处于抗日战争胜利前夕，中国共产党确立了放手发动群众，壮大人民力量，在中国共产党的领导下，打败日本侵略者，解放全国人民，建立新民主主义的中国这一政治路线。怎样才能把这条路线贯彻到底，坚定革命胜利的信念呢？毛泽东说：

要使全国人民有这样的信心：中国是中国人民的，不是反动派的。中国古代有个寓言，叫做"愚公移山"。说的是古代有一位老人，住在华北，名叫北山愚公。他的家门南面有两座大山挡住他家的出路，一座叫做太行山，一座叫做王屋山。愚公下决心率领他的儿子们要用锄头挖去这两座大山。有个老头子名叫智叟的看了发笑，说是你们这样干未免太愚蠢了，你们父子数人要挖掉这样两座大山是完全不可能的。愚公回答说：我死了以后有我的儿子，儿子死了，又有孙子，子子孙孙是没有穷尽的。这两座山虽然很高，却是不会再增高了，挖一点就会少一点，为什么挖不平呢？愚公批驳了智叟的错误思想，毫不动摇，每天挖山不止。这件事感动了上帝，他就派了两个神仙下凡，把两座山背走了。现在也有两座压在中国人民头上的大山，一座叫做帝国主义，一座叫做封建主义。中国共产党早就

读书有法
毛泽东的读书故事

下了决心，要挖掉这两座山。我们一定要坚持下去，一定要不断地工作，我们也会感动上帝的。这个上帝不是别人，就是全中国的人民大众。全国人民大众一齐起来和我们一道挖这两座山，有什么挖不平呢？

毛泽东引述"愚公移山"这则寓言，不是原封不动地照搬。他把愚公精神从人们向大自然作斗争的领域推进到社会革命的范围。"愚公移山"的象征指称相当明显：方七百里、高万仞的太行、王屋二山——帝国主义、封建主义两座大山，九旬老人及其家人挖山不止——中国共产党的斗争，上帝及神话传说中夸娥氏两个有巨力的儿子——人民大众。从斗争对象、历史任务到革命者的意志、信念和力量来源，形成了一个完整而恰当的对应结构。这是对这则寓言故事的相当成功的理解和引申。

毛泽东不信"上帝"，但他却不时谈论"上帝"。他特别喜欢把人民大众喻为"上帝"，即使到晚年，也是这样。如 1975 年 10 月 8 日会见南斯拉夫外宾时他说："人民就是上帝。"这从一个侧面说明了毛泽东的一个重要思想：只要我们紧紧依靠人民群众这个"上帝"，我们的事业就会无往不胜；只要我们的路线、方针、政策是正确的，是为了人民群众的利益的，我们就会感动这个"上帝"，就会团结这个"上帝"，并依靠"上帝"去搬掉各式各样横亘在我们面前的"大山"。

1964 年 3 月 24 日，在同薄一波的谈话中，说到要多读书时，毛泽东又提到，愚公移山，是有道理的，在一百万年或者几百万年以内，山是可以平的。愚公说得对，他死后有他的儿子，子子孙孙一直发展下去，而山不增高，总有被挖平的一天。

读书有法
毛泽东的读书故事

他的话激发我研究《孙子兵法》

《孙子兵法》是世界上公认的现存最古老的军事理论著作，被推崇为"兵学圣典""世界第一兵家名书"。该书作者孙武，本是春秋时的齐国人，后因齐国内乱，出奔吴国，被重用为将。他辅佐吴王阖闾，在西边打败强大的楚国，在北边威镇强大的齐国和晋国，在南边则征服越国，使吴国以一隅之地而称霸列国。春秋以后的众多兵书，无不以《孙子兵法》为蓝本而发挥引申。这本书流传到国外后，也受到高度赞誉。

作为一代军事大家，毛泽东很重视《孙子兵法》这本书。但这里有一桩公案，即毛泽东领兵打仗的初期，是不是读过《孙子兵法》。

事情的起因是，在上海的党中央搬到根据地后，当时"左"倾教条主义的领导者为了排挤和打击毛泽东，在《革命与战争》等刊物上连篇累牍地发表文章，从理论上对他进行批判，说毛泽东"把古代的《三国演义》无条件地当作现代的战术；古时的《孙子兵法》无条件地当作现代战略；更有好些博览的同志，拿半个世纪以前的曾国藩作为兵法之宝"。他们断言："这些不合时代的东西——《孙子兵法》《曾、胡、左治兵格言》，只有让我们的敌人——蒋介石专有。"

其实，只要能够打胜仗，管他用了谁的战法，这本是常识。但在当时"左"倾教条主义者看来，这却是原则问题，因为马克思主义者打仗，就应该按照马克思主义军事理论来打，而运用马克思主义军事理论来打仗的典范，自然是苏联红军的战法。你毛泽东搞游击战，东打一下子，西打一下子，怎么行？

在 1935 年 1 月的遵义会议上，毛泽东等人批评了"左"倾教条主义者，在第五次反"围剿"战争中指挥失误，丢掉了中央苏区。当时的中央政治局委员凯丰很不服气，反过来批评毛泽东说："你那些东西，也并不见得高明，无非是《三国演义》加《孙子兵法》"。毛泽东反问道："你说《孙子兵法》一共有多少篇？第一篇的题目叫什么？请你讲讲。"凯丰答不上来。毛泽东说："你也没看过，你怎么晓得我就熟悉《孙子兵法》呢？"

对这件事情，毛泽东在 20 世纪 60 年代曾讲过多次。比如，1960 年 12 月，同部分亲属和身边工作人员谈话时，毛泽东说道：

说实在的，我在山上搞了几年，比他们多了点在山上的经验。他们还说我"一贯右倾机会主义""狭隘经验主义""枪杆子主义"等等。那时我没有事情做。走路坐在担架上，做什么呢？他抬他的担架，我看我的书。他们又批评我，说我凭着《三国演义》和《孙子兵法》指挥打仗。其实《孙子兵法》当时我并没有看过；《三国演义》我看过几遍，但指挥作战时，谁还记得什么《三国演义》，统统忘了。

毛泽东还多次说过，"左"倾教条主义者说他照《孙子兵法》打仗的那些话，"激发我把《孙子兵法》看了"，"总之，激发我来研究一下军事"。"从那以后，倒是逼着我翻了翻《孙子兵法》。"

"从那以后"，便是红军长征到达陕北以后。1936 年 10 月 22 日，毛泽东给当时代表中国共产党在西安做统一战线工作的叶剑英和派往东北军做联络工作的刘鼎写信说："买来的军事书多不合用，多是战术技术的，我们要的是战役指挥与战略的，请按此标准选买若干。买一部《孙子兵法》来。"

毛泽东当时读《孙子兵法》等，是为了写那本著名的《中国革命战争的战略问题》小册子，用他的话来说，"那时看这些，是为写论革命战争的战略问题，是为了总结革命战争的经验"。在稍后一系列军事论著中，毛泽东对《孙子兵法》的一些观点的引用，更是得心应手。后来，他又对斯诺说："我确实读过许多中国古代打仗的书，研究过《孙子兵法》一类的著作。"

《孙子兵法·谋攻篇》说："知彼知己，百战不殆。"毛泽东认为这句话高度概括了战争的指导规律，是《孙子兵法》的精华所在。在《中国革命战争的战略问题》一文中，毛泽东对孙子的这句话作了重要发挥。他说，要成为"百战不殆"、智勇双全的优秀军事家，就要熟悉敌我双方的各方面的情况，找出其行动的规律，并运用这些规律于自己的行动。"指挥员的正确的部署来源于正确的决心，正确的决心来源于正确的判断，正确的判断来源于周到的和必要的侦察，和对于各种侦察材料的连贯起来的思索。"毛泽东还进一步说，在实施计划的过程中，要不断地修改计划，"如果计划和情况不符合，或者不完全符合，就必须依照新的认识，构成新的判断，定下新的决心，把已定的计划加以改变，使之适合于新的情况"。

从我们所看到的材料来看，毛泽东在长征以前也并不是一点也没有接触过《孙子兵法》，至少，在青年时代他是间接读过的。他在 1913 年 10 月至 12 月写的课堂笔记《讲堂录》里，便有好几段记述和发挥《孙子兵法》的内容。比如，在"孙武子以兵为不得已，以久战多杀非理，以赫赫之功为耻，岂徒谈兵之祖，抑庶几立言君子矣"这段话后面，毛泽东记有："百战百胜，非善之善者也；不战而屈人之兵，善之善者也。故善用兵者，无智名，无勇功。"毛泽东还标明，出自"孙武《谋攻篇》"。

看来，毛泽东在延安写出大量的军事理论著作，并不是偶然的。除了土地革命战争正反两方面的经验积累，也与他下功夫研读古今中外的军事学论著有关。

读书有法
毛泽东的读书故事

《盛世危言》激起恢复学业的愿望

　　十四至十五岁时，毛泽东离开私塾，辍学在家，白天在地里干农活，晚上替父亲记账。但他仍然贪婪地阅读能够找到的除经书外的一切"新书"。郑观应的《盛世危言》，就是他在这个时候读到的。

　　有人会说，你讲的是毛泽东读诸子百家，郑观应只是中国近代早期主张社会改良的洋务买办，他怎么能够算是一家呢？确实，郑观应算不得思想大家，但他的《盛世危言》，却在一定程度上改变了毛泽东的人生轨迹，可谓是功莫大焉。

　　说起来很有意思，郑观应和比自己小二十多岁的中国革命先行者孙中山，都是广东香山（今中山）人。这个地方似乎是领风气之先，郑观应十六岁的时候，就决意放弃当时一般知识分子热衷的科举考试，到上海学习商务。在此后的二十多年，他先后在今天说的"外资"企业当买办，同李鸿章、左宗棠、张之洞等一同办过"洋务"，他自己也曾经营和投资兴办了不少贸易、金融、航运、工矿等企业，位列晚清"四大买办"之一。

这样的经历，让郑观应对近代西方的政治制度和科学文化，有比较真切的了解和比较多的思考。1894年，他写的《盛世危言》一问世，就引起了轰动。郑观应自己排印的五百本，很快被索一空。光绪皇帝读后命总理衙门印刷两千本发给属臣阅读。全国各省书坊翻刻印售的竟达十多万册之多。张之洞称此书"上而以此辅世，可为良药之方；下而以此储才，可作金针之度"。

在书中，郑观应首次使用"宪法"一词，自1908年清政府颁布《钦定宪法大纲》后，"宪法"成为特定法律用语。郑观应在书中还提出了在上海举办世博会的设想，这个设想，在一百多年后真的成为现实。

对于孤处山村的少年毛泽东来说，这本在他出生第二年出版的书，的确起到"睁眼看世界"的作用，对君主立宪和发展资本主义经济的主张，他感到十分新鲜，进而茅塞顿开。

毛泽东1936年在保安同美国记者斯诺谈话时，是这样回忆的："我读了一本叫做《盛世危言》的书，我当时非常喜欢这本书。作者是老的改良主义学者，认为中国之所以弱，在于缺乏西洋的装备——铁路、电话、电报、轮船，所以想把这些东西引进中国。"

《盛世危言》展示了一种新的世界观和思想方法，开阔

读书有法
毛泽东的读书故事

了毛泽东的眼界。他不仅意识到，中国绝不能守着祖宗的老样子不变，希望能够把在韶山看不到的西方文明引进到中国来，还越来越清楚地认识到，天下、国家都处于大变化之中，自己不能守在韶山像父辈那样过一辈子，应该抓紧时间学习新知识。

所以，他又对斯诺说："《盛世危言》激起我想要恢复学业的愿望。我也逐渐讨厌田间劳动了。不消说，我父亲是反对这件事的……"最后，还是毛泽东的父亲作出让步。得到复学的准许后，毛泽东到另外两处私塾又读了一年。不久，表兄文运昌（字咏昌）告诉他，湘乡东山高等小学堂讲授新学，在那里可以学到不少在韶山冲里学不到的新东西。毛泽东听了以后很动心。八舅文玉钦、堂叔毛麓钟和表兄王季范等也众口一词，对毛泽东的父亲说，毛泽东若进了洋学堂，日后会有大出息。毛泽东的父亲经过他们的劝说，认为这也许是一件名利双收的好事，便答应了。

临行前，毛泽东抄送给父亲一首诗道别。诗中写道："孩儿立志出乡关，学不成名誓不还。埋骨何须桑梓地，人生无处不青山。"年轻的毛泽东就抱着这样的志向离开了韶山，走上了一条新的生活道路。

还真是，一本书改变了一个少年的命运。

今天，我们在韶山毛泽东纪念馆还能看到毛泽东的手迹，是 1915 年 2 月 24 日他写给表兄文运昌的一张还书便条：

咏昌先生：

　　书十一本，内《盛世危言》失布匣，《新民丛报》损去首叶（页），抱歉之至，尚希原谅。

泽东敬白

正月十一日

　　按毛泽东的回忆，他第一次读到《盛世危言》应该是在1909年左右，而他1915年写这封还书便条的时候，早已是湖南省立第一师范学校的学生。那么，他所还的这本《盛世危言》是不是六年前从表兄文运昌那里借的呢？有两种可能：一是他六年前借的，读后一直放存在韶山老家，1915年放假回韶山过春节时整理出来还给文运昌；二是他新近从文运昌那里借来，重新读过。无论是哪种可能，这本书在毛泽东早年阅读史上的重要性，是不言而喻的。

读书有法
毛泽东的读书故事

崇拜梁启超

社会的进步，总是从改良开始的。当这个社会无可救药的时候，革命才会成为共识。所以，近代许多革命家在阅读生涯早期，大多喜欢读康有为和梁启超有关变法维新的著述。毛泽东就是一个典型的例子。

梁启超1890年拜康有为为师，成为其政治上主要助手，是维新变法运动的主要思想家、宣传家。他分别于1896年创办的《时务报》和1902年创办的《新民丛报》，是宣传维新变法的主要舆论阵地。

毛泽东对梁启超的办报经验和才能，极为推崇。1958年4月，毛泽东对吴冷西等人说道："梁启超创办《时务报》开始确实很辛苦，他自己写评论，又要修改别人来稿，全部编排工作和复校工作都由他一个人承担。后来才增加到七八个人，其中三位主要助手也是广东人。现在我们的报社，动辄数百人、上千人，是不是太多了？"

梁启超当时的主要文章几乎都是在《时务报》《清议报》《新民丛报》上面发表的。他的文章，世称"以饱带感情之笔，写流利畅达之文，洋洋万言，雅俗共赏。读时则摄魂忘疲，读竟或怒发冲冠，或热泪湿纸"，他成为当时最有号召力的政论家，在中国近代启蒙运动的早期，影响了几代知识分子。从朱执信、柳亚子到胡适、蒋梦麟，从陈独秀到吴玉章、林伯渠，从鲁迅到郭沫若、邹韬奋，都受到过他的影响，都有过这方面的回忆。毛泽东说他当时"崇拜康有为和梁启超"，是很自然的。

毛泽东是 1910 年下半年在湘乡东山小学堂读到《新民丛报》的，那时《新民丛报》已经停刊两年了。《新民丛报》是他的表兄文运昌借给他的。虽然已经是几年前的旧报刊，但对于一个来自闭塞山村的少年来说，却有振聋发聩之感。

毛泽东到长沙读书后，又读到《时务报》。和《新民丛报》相比，《时务报》更加老旧，但却进一步加深了毛泽东对梁启超的崇拜，曾说自己对梁启超的文章，"读了又读，直到可以背出来"。

毛泽东受梁启超的影响，持续了相当长的时间。

1911 年春，辛亥革命前夕，毛泽东到长沙湘乡驻省中学就读，依然对康有为、梁启超钦佩。在思想上，他还不清楚改良派与革命派之间的区别，于是写了篇文章贴在学校的墙上，提出：推翻腐朽的清王朝，组建民国新政府，把孙中山从日本请回来当总统，康有为当总理，梁启超当外交部部长。这是毛泽东第一次公开发表政见。

在以后进入省立高等中学的半年，以及在湖南省立第一师范学校的五年半的学习中，他并没有完全忘记梁启超。在现在保存下来的毛泽东读书批语、笔记和书信中，或隐或显，都能看到梁启超的影子。

1915年6月25日，在给湘生的信中谈到自学的重要性时，毛泽东举的就是康有为、梁启超的例子。康有为、梁启超在他的心中，是通过自学而有所造就进而成为"奇杰"的典范。同年9月6日，在给萧子升的信中，毛泽东说自己曾想仿效康有为、梁启超，离开学校自学。

梁启超号任公，毛泽东给自己取别名"子任"，其对梁启超的仰慕程度可见一斑。梁启超曾在《新民丛报》上发表了至今影响还很大的文章《新民说》，1918年，毛泽东和蔡和森等人组织进步社团，起的名字就叫"新民学会"，并"以革新学术，砥砺品行，改良人心风俗"为宗旨，可以看出梁启超"新民说"对他们那一代人的影响有多大。

1919年8月4日，毛泽东在他主办的《湘江评论》上发表题为《本会总记》的文章，阐述由他实际主持的湖南学生联合会及湖南学生运动的由来，开篇便谈到梁启超当中文总教习的时务学堂。

以上种种，说明青年毛泽东始终把梁启超及其著述，看成清末领导思想界革新潮流的代表。直到20世纪60年代，他还对民主人士刘斐说当时自己"受到梁启超办的《新民丛报》的影响，觉得改良主义也不错，想向资本主义找出路"。

梁启超一生，著述很多，后收集起来，以《饮冰室合集》为名出版。在1964年12月20日的一次谈话中，毛泽东还说道：近代史也得看看，你得看《新民丛报》，你得看梁启超的《饮冰室合集》。事实上，毛泽东在这个时期还索要过《饮冰室合集》来读呢！

读书有法
　　　毛泽东的读书故事

鲁迅是现代中国的圣人

　　中国现代作家的作品，毛泽东读得不多，但鲁迅却是一个例外。他对鲁迅及其著作评价之高，在古今中国文化人当中，可说是无出其右。

　　毛泽东知道并阅读鲁迅的作品，是从五四新文化运动时期开始的。他那时是《新青年》杂志的热心读者。鲁迅最初的重要的白话小说和一些杂文便发表在《新青年》上。1918年10月到1919年3月，毛泽东在新文化运动的发源地北京大学当图书馆助理员，他后来曾遗憾地说过："'五四'时期在北京，弄新文学的人我见过李大钊、陈独秀、胡适、周作人，就是没有见过鲁迅。"

　　1932年底，和鲁迅交往甚密的冯雪峰从上海来到中央苏区瑞金。有几次，毛泽东对他说："今晚我们不谈别的，只谈鲁迅好不好？"冯雪峰告诉毛泽东，有一个日本人说，全中国只有两个半人懂得中国，一个是蒋介石，一个是鲁迅，半个是毛泽东。这当然是一个不伦不类的评说，毛泽东听了哈哈大笑，说："这个日本人还不简单，他认为鲁迅懂得中国，这是对的。"

鲁迅生前，在红军长征到达陕北后，曾发去一封电报，祝贺红军的胜利，说是"在你们身上，寄托着人类和中国的希望"。他逝世前夕，又托人从上海给远在陕北的毛泽东带去两条金华出产的火腿，并附有一封信。

1936 年 10 月 19 日，鲁迅辞世。中共中央和中华苏维埃人民共和国中央政府于 22 日发布《为追悼鲁迅先生告全国同胞和全世界人士书》，里面说："鲁迅先生一生的光荣战斗事业，做了中华民族一切忠实儿女的模范……他的犀利的笔锋，完美的人格，正直的言论，战斗的精神，使那些害虫毒物无处躲避。"

这是中国共产党对鲁迅的第一次正式而崇高的评价。当时，中共中央甚至决定改苏维埃中央图书馆为鲁迅图书馆，搜集鲁迅遗著，翻印鲁迅著作，等等。同时，中共中央还向南京国民政府提出：鲁迅先生遗体举行国葬，并付国史馆列传；改浙江省绍兴县为鲁迅县；改北平大学为鲁迅大学，设立鲁迅文学奖金奖励革命文学；设立鲁迅研究院，搜集鲁迅遗著，出版鲁迅全集。

1937 年 10 月 19 日，在鲁迅逝世周年祭日那天，毛泽东在成仿吾任校长的陕北公学作了题为《论鲁迅》的演讲。这是毛泽东第一次公开而全面地评价鲁迅。毛泽东说："我们纪念他，不仅因为他的文章写得好，是一个伟大的文学家，而且因为他是一个民族解放的急先锋，给革命以很大的助力。……鲁迅是从正在溃败的封建社会中出来的，但他会杀回马枪，朝着他所经历过来的腐败的社会进攻，朝着帝国主义的恶势力进攻。他用他那一支又泼辣，又幽默，又有力的笔，画出了黑暗势力的鬼脸，画出了丑恶的帝国主义的鬼脸，他简直是一个高等的画家。"

接着，毛泽东又具体阐述了"鲁迅精神"的三个特点：第一，"是他的政治的远见。他用望远镜和显微镜观察社会，所以看得远，看得真"。第二，"就是他的斗争精神。刚才已经提到，他在黑暗与暴力的进袭中，是一株独立支持的大树，不是向两旁偏倒的小草。他看清了政治的方向，就向着一个目标奋勇地斗争下去，决不中途投降妥协"。第三，"是他的牺牲精神。他一点也不畏惧敌人对于他的威胁、利诱与残害，他一点不避锋芒地把钢刀一样的笔刺向他所憎恨的一切。他往往是站在战士的血痕中，坚韧地反抗着、呼啸着前进"。

毛泽东的结论是："鲁迅在中国的价值，据我看要算是中国的第一等圣人。孔夫子是封建社会的圣人，鲁迅则是现代中国的圣人。"

1940 年 1 月，在《新民主主义论》中，毛泽东再次对鲁迅的地位和价值作了准确而科学的表述，他说："鲁迅是中国文化革命的主将，他不但是伟大的文学家，而且是伟大的思想家和伟大的革命家。……鲁迅的方向，就是中华民族新文化的方向。"

文学家、思想家、革命家，尤其是"鲁迅的方向，就是中华民族新文化的方向"一句，可以说是毛泽东对鲁迅"圣人"内涵的正式评价。

"圣人"之说，虽然是个比喻，但突显了毛泽东对鲁迅的格外尊重。毛泽东对鲁迅的尊重，是真诚的，而且越到晚年，他越看重鲁迅的价值。毛泽东1971年11月20日在武汉同湖北省党政军负责人谈话时，再次重申了鲁迅的"圣人"地位："鲁迅是中国的第一个圣人，中国第一个圣人不是孔夫子，也不是我。我算贤人，是圣人的学生。"1937年说的是"第一等圣人"，这时候已经变为"第一个圣人"了。

我就是爱读鲁迅的书

1938 年之前，毛泽东没有条件系统地阅读鲁迅著作。但长征后一到延安，他就注意收集和阅读鲁迅著作的一些单行本和选本，专门写信让人给他弄一本《朝花夕拾》来。他从设在延安的陕西第四中学只有两间房那么大的图书馆里发现鲁迅的书，立即高兴地借走了几本；几天后，他让秘书退回看完的，又借走了几本；第三次，他又让秘书把鲁迅的几部选本和单行本全部借走了，一并读完后才还给图书馆。

曾任毛泽东专职图书管理员的徐中远，在一篇文章中回忆，毛泽东曾说："我就是爱读鲁迅的书，鲁迅的心和我们是息息相通的。我在延安，夜晚读鲁迅的书，常常忘记了睡觉。"

毛泽东一生阅读和保存有三种版本的《鲁迅全集》。

1938 年 8 月，鲁迅先生纪念委员会编辑的二十卷本的

《鲁迅全集》（内容包括鲁迅的著作、译作和鲁迅所整理的部分古籍），"复社"以"鲁迅全集出版社"名义出版。这是我国第一次出版《鲁迅全集》。"复社"还特印了两百套编号发行的《鲁迅全集》"纪念本"，在每册的版权页上注明为"非卖品"。毛泽东得到的是第58号，封面是紫色的，书脊是黑色的，每卷的封底、封面的两角都是用同书脊一样的黑色布料包角。

毛泽东收到《鲁迅全集》之后，把书放在自己的办公桌旁。后来新华社发表过一张毛泽东在延安枣园窑洞里工作的照片，办公桌上便放着三卷《鲁迅全集》。毛泽东阅读鲁迅著作十分认真。从他在书上批画的情形来看，凡是原书中文字排印颠倒、错字漏字的地方，他都把它——改正过来。

这套《鲁迅全集》在革命战争年代随毛泽东南征北战，被完整无缺地从延安带过了黄河，带到了西柏坡、香山，带进了中南海。新中国成立后，无论出访苏联，还是视察各地，毛泽东都随身带着它，走到哪里，读到哪里。1949年底，在苏联访问期间，他在一次外事活动后，回到住处因读鲁迅的著作而一再推迟进餐。

1956年到1958年，人民文学出版社相继出版了带注释的十卷本《鲁迅全集》（只收鲁迅的著作，未收鲁迅的译作和他整理的古籍），并发行了单行本。毛泽东对这套新版的鲁迅著作很珍爱，把它放在床上，经常利用夜晚时间和白天零散时间阅读。单行本上的许多篇章，他反复读了多次。看一次，他习惯在书上画一个圈；看两次，就画两个圈。1961 年，毛泽东在江西期间，把新版的《鲁迅全集》带在身边。毛泽东逝世后，报刊上发表过一张他站在书柜前看书的照片。他手里拿着的书，就是新版《鲁迅全集》。

1972 年 9 月，文物出版社出版了北京鲁迅博物馆编的《鲁迅手稿选集三编》（线装本）。这本书共有二十九篇鲁迅手稿，都是从尚未刊印的鲁迅手稿中选出来的。毛泽东得到这本书后，一方面读鲁迅的手稿，另一方面欣赏鲁迅的墨迹。手稿选集里有的字写得太小，他就用放大镜，一页一页往下看，一边看，一边还不时用笔在手稿选集上圈圈画画。

1972 年，有关部门特意将 20 世纪 50 年代出版的带有注释的十卷本《鲁迅全集》排印成少量的线装大字本。毛泽东收到这套线装大字本的《鲁迅全集》后，又读了一遍。在这套新印的线装大字本的许多册的封面上，他同样画了一些红圈圈，在书中画了许多红道道。在有的封面上，他还亲笔写了"1975.8 再阅"。

1975 年 7 月，毛泽东因患老年性白内障动了手术。手术之后，视力不济，他还请身边的工作人员给他朗读《鲁迅全集》第五卷《准风月谈·关于翻译（下）》。鲁迅在这篇杂文中说，那种因为有点烂疤，就一下把整个苹果都抛掉的做法，首饰要"足赤"、人物要"完人"的思想，是很错误的。听读这段内容，毛泽东连声称赞："写得好！写得好！"

1975 年底到 1976 年初在有关理论问题的谈话中，毛泽东又专门强调："建议在一二年内读点哲学，读点鲁迅。"

　　1976 年 9 月，毛泽东逝世前夕，他卧室的床上，床边的桌子上、书架上，都摆着那套新印的线装大字本《鲁迅全集》里的一些卷册，有的是在某一页折上一个角，有的地方还夹着纸条，有的还是翻开放着的。

每读一遍《共产党宣言》，都有新的启发

《共产党宣言》，是毛泽东一生中读马列经典著作读的次数最多的一本书。

1939年底，在同曾志的谈话中，毛泽东说道："《共产党宣言》，我看了不下一百遍，遇到问题，我就翻阅马克思的《共产党宣言》，有时只阅读一两段，有时全篇都读，每阅读一次，我都有新的启发。"

《共产党宣言》发表于1848年。译成中文，其正文不过两万多字，但却被称为科学社会主义的"出生证"，是马克思主义的代表作。它的作者马克思、恩格斯撰写这本小册子的时候，一个三十岁，一个二十八岁，都是英气勃勃的小伙子。

1936年毛泽东对斯诺说，1920年读到《共产党宣言》等书后，"在理论上和在某种程度的行动上，成为一个马克思主义者，而且从此我也自认为是一个马克思主义者了"。

此后五十六年的时间里，毛泽东不知反复读过多少次《共产党宣言》，这本书中的精辟论断，他几乎都能背下来。

《共产党宣言》不仅是毛泽东经常读、重点读的经典，也是他经常向党内领导干部推荐阅读的著作。从 1945 年到 1970 年，他先后几次推荐马列经典的阅读书目，或五本，或十二本，或三十本，或九本，每次都有《共产党宣言》。晚年在会见柬埔寨国王西哈努克亲王的时候，毛泽东甚至向他推荐读《共产党宣言》。

1954 年秋天起，毛泽东重新开始学英语，第一个读本就是英文版的《共产党宣言》，从第一页到最后一页，都有批注，看得出，他读得很仔细。在这本《共产党宣言》的扉页上，他亲笔写了"Begin at June 18，1956"；在最后一页，又亲笔写了"Ended at 1956.11.19"。就是说，他于 1956 年 6 月 18 日开始读《共产党宣言》英文版，同年 11 月 19 日结束。对这部英文版《共产党宣言》，一直到晚年，毛泽东每重读一遍，就补注一次。

毛泽东经常说，读马克思主义著作，关键在应用。毛泽东的文章和讲话中，就经常应用《共产党宣言》里的论述。比如，为了提倡党内民主，澄清党性和个性的关系，他引用《共产党宣言》中"每个人的自由发展是一切人的自由发展的条件"这句话，进而发挥："不能设想每个人不能发展，而社会有发展，同样不能设想我们党有党性，而每个党员没有个性，都是木头，一百二十万党员就是一百二十万块木头。"

读书有法
毛泽东的读书故事

在中国，不单是毛泽东，绝大多数早期共产党人，都是通过阅读《共产党宣言》而跨进马克思主义大门的。

李大钊 1919 年在《新青年》上发表《我的马克思主义观》，摘译了《共产党宣言》中的句子，这是中国人第一次以一个马克思主义信仰者的身份译出《共产党宣言》的内容。罗章龙、刘仁静等人在北京大学组织"亢慕义斋"，1920 年曾翻译油印过《共产党宣言》。

陈独秀 1920 年离京去上海，便带走一本英文版的《共产党宣言》。陈望道翻译的《共产党宣言》于 1920 年 8 月在上海出版，这是中国第一个公开出版的中文全译本。他给在北京的鲁迅寄了一本，鲁迅收到书的当天，就翻阅了一遍，对周作人说："望道在杭州大闹了一阵之后，这次埋头苦干，把这本书译出来，对中国做了一件好事。"

刘少奇、任弼时、罗亦农、萧劲光等人于 1920 年夏秋之际，在上海外国语学社学习，学社给每人都发一册《共产党宣言》。刘少奇后来回忆："那时我还没有参加共产党，我在考虑入不入党的问题。当时我把《共产党宣言》看了又看，看了好几遍……从这本书中，我了解共产党是干什么的，是怎样的一个党，我准不准备献身于这个党所从事的事业。经过一段时间的深思熟虑，最后决定参加共产党，同时也准备献身于党的事业。人的命都不要了，其他就好说了。"

与此同时，对 1920 年前后留法的勤工俭学青年而言，《共产党宣言》是他们学习和讨论最多的一部马克思主义著作。陈毅、向警予一边学法语一边读《共产党宣言》。蔡和森最早来到法国，为阅读《共产党宣言》补习了四个月的法语，花了五六个月"猛看猛译"，把自己的译稿油印出来给大家看。李维汉回忆，他就是读了蔡和森翻译油印的《共产党宣言》，从此才明白只有走俄国十月革命道路才能达到改造中国和世界的目的。邓小平晚年在南方谈话中曾感慨"我的入门老师是《共产党宣言》"，《共产党宣言》大概也是他青年时代在法国勤工俭学时读到的。

周恩来1922年在欧洲介绍朱德入党时，送给朱德的读物，就是一本从国内传到海外的陈望道译的《共产党宣言》。周恩来1949年出席第一次文代会时，特地对陈望道说："我们都是你教育出来的。"1975年见到陈望道，周恩来还问："你译的《共产党宣言》的第一版找到了吗？那真是十分珍贵的呵！"

朱德在1976年5月收到成仿吾送给他的一本新翻译的《共产党宣言》，认真对照旧译本重新读了一遍，随后不顾九十岁高龄，坐车到中央党校宿舍看望成仿吾，交流读新译本的体会。一个多月以后，他就逝世了。

1965年4月，毛泽东邀请艾思奇等五位理论家到长沙开会讨论，准备为六部马列经典著作各写一篇序言。毛泽东自告奋勇，要亲自为中文版《共产党宣言》写序。可惜这个设想没有实现。否则，他可能会把自己一生阅读和运用这本书的经验体会和盘托出。

读书有法
毛泽东的读书故事

自然科学是真学问

　　1940年2月5日，在陕甘宁边区自然科学研究会成立大会上，毛泽东讲道："自然科学是很好的东西，它能解决衣、食、住、行等生活问题，所以每一个人都要赞成它，每一个人都要研究自然科学。"1941年1月31日，毛泽东给远在莫斯科的儿子毛岸英、毛岸青写信，专门叮嘱："惟有一事向你们建议，趁着年纪尚轻，多向自然科学学习，少谈些政治。政治是要谈的，但目前以潜心多习自然科学为宜，社会科学辅之。将来可倒置过来，以社会科学为主，自然科学为辅。总之注意科学，只有科学是真学问，将来用处无穷。"

　　毛泽东这是在为自己的孩子指导人生方向。强调"科学是真学问"，反映出他对青年人学习方向的价值取向何等明确。

　　毛泽东在年轻的时候，也很向往多学习自然科学。

1921 年初，新民学会开新年大会，在讨论会友个人的学习计划时，毛泽东发言说："自身决定三十以内只求普通知识，因缺乏数学、物理、化学等自然的基础科学的知识，想方设法补足。"

毛泽东说这话时是二十八岁，离"三十以内"还有两年。现在很难说清那两年中，他在多大程度上挤出时间学习自然科学基础知识，因为那时是革命初创时期，他正担负着紧张而繁重的建党工作。

在后来领导革命和建设的历史进程中，毛泽东仍然尽可能挤出时间从书籍、报纸中了解一点世界自然科学学术思想。20 世纪 50 年代，他曾对旧友说，他很想请两三年假，学习自然科学，可惜，可能不允许他有这样长的假期。他抽空钻研过农业、机械、化学、水文、气象、地质等方面的知识，尤其对生命科学、天文学、物理学、土壤学都有兴趣。

1963 年，日本物理学家坂田昌一的《基本粒子的新概念》一文在我国翻译发表，很快引起了毛泽东的高度重视。他赞赏坂田昌一关于基本粒子并不是最后不可分的观点，并发挥说："宇宙从大的方面看来是无限的。从小的方面看来也是无限的。"现在，基本粒子有更深层次的结构，在物理学界已得到公认。诺贝尔物理学奖获得者格拉肖，在第七届粒子物理学讨论会上回顾物理学家们逐层深入研究物质结构的历程后说："我提议把构成物质的所有这些假设的组成部分命名为'毛粒子（Maons）'，以纪念已故的毛主席，因为他一贯主张自然界有更深的统一。"

1991年9月27日《书刊导报》记载了一段杨尚昆回忆毛泽东学习自然科学的话："他把中学物理、化学实验的仪器买来摆在寝室外面。过去曾在中南海瀛台搞过一些展览，例如机械方面的等等，他都亲自去看。他不只是参观，还找有关的书来学习。他的求知欲是没有止境的。有一次他外出的时候，李烛尘陪着他，他就跟李烛尘学化学，谈起硫酸的分子式，当时我在旁边，毛主席记得很多的化学分子式。"

毛泽东很注意和身边工作人员交流读自然科学书籍的心得。一天，保健医生徐涛陪他散步聊天，毛泽东说："我在湖南读师范的时候，喜欢社会科学，自然科学方面的书读得不多，还得补课。"徐涛说："我正相反，自然科学的书读得多些，社会科学的书读得太少，现在也得补课。""我们以后多聊点自然科学么。"毛泽东兴致勃勃地问，"你说石油是怎么开采的？怎么提炼？都有哪些用途?"徐涛尽自己所知一一回答。毛泽东总是不满足，越问越细。徐涛只好说："哎呀，我也说不上来了，得去查查书。"渐渐地，徐涛发现自己读的书，毛泽东也在看，所以提出的问题越来越深。这样一来，徐涛不得不更多更细地读书。终于，有一天徐涛忍不住说："主席，您是有意考我吧?"毛泽东笑了，拍拍徐涛的后背："哪是考你哟！你在帮助我读书，帮助我增长知识。现在搞第一个五年计划，以后还要搞第二个、第三个，不学点自然科学不行哩。"

地质学家李四光的孩子李林回忆说："1964 年 2 月 6 日中午，父亲接到一个电话，说要他立刻去中南海。父亲匆匆吃完午饭就去中南海了。一位在门口等他的同志把他领进毛泽东的卧室。竺可桢和钱学森两位同志也先后到了。毛泽东请他们坐在自己的床边，亲切交谈。他们就天文、地质、尖端科学等许多重大科学问题广泛交谈了三四个钟头。我父亲回来告诉我说：'主席知识渊博，通晓古今中外许多科学的情况，对冰川、气候等科学问题，了解得透彻入微。在他的卧室里，甚至在他的床上，摆满了许多经典著作和科学书籍，谈到哪儿就随手翻到哪儿，谈的范围很广……'"

1969 年 5 月 19 日，毛泽东又同李四光谈了一个小时左右的话，从天体起源、地球起源，谈到了生命起源。谈完后，毛泽东专门交代，很想看看李四光写的书，希望找几本书给他，还请李四光帮他收集一些国内外的科学资料。

读书有法
毛泽东的读书故事

史书手不释卷

要学好二十四史

详细记述先秦到明朝正史的书，有二十四部，统称"二十四史"。

毛泽东从青年时代开始读二十四史。新中国成立后，他更是有计划地完整阅读二十四史。1952 年，他添置了一部乾隆武英殿本的线装本二十四史，共八百五十册，两千二百四十九卷，约四千万字。毛泽东从头到尾细读下来，许多卷册的封面都被磨破了。为了便于阅读查找，他在一些列传、本纪的封面上，用苍劲的笔迹标出传、纪的人名；绝大多数卷册，他都作了圈点、断句；有的封面和天头上画着两三个圈圈的标记；有的地方，他还细心地改正了错字。

1959 年 5 月 28 日，他送一本《后汉书》给林克，让他研究历史，推荐他读其中的《党锢传》《董卓传》，以及《三国志》里的《曹操传》《郭嘉传》《荀攸传》《程昱传》

《贾诩传》《刘晔传》《夏侯渊传》《田畴传》等。毛泽东还对林克说，西汉高、文、景、武、昭较有意思，东汉两头均无意思，只有光武可以读。

1969 年 6 月，毛泽东在武昌期间，深夜里还不知疲倦地再读《南史》中的《陈庆之传》，批注说"为之神往"。1975 年，毛泽东已经病魔缠身，写字时手都有些颤抖了，可他还是认真细致地再一次阅读这些史书。在这些史书中，有三册《晋书》的封面上写着"1975，8"，有五册《晋书》的封面上分别写着"1975，8 再阅""1975，9 再阅"的字样。以上可以看出，毛泽东阅读二十四史花费了许多时间和精力，也是极其认真的。

毛泽东不仅自己读二十四史，还支持二十四史的整理出版工作。1956 年，标点的《资治通鉴》出版后，毛泽东又指示出二十四史标点本，首先指定标点前四史，即《史记》《汉书》《后汉书》《三国志》。后由教育部和中国科学院合力负责，组织全国四五十个专家和五个院校通力合作，完成了此项巨业。

从毛泽东对二十四史的批注、圈点、勾画中可以看得出来，他的阅读，是根据需要和计划，有重点、有选择地展开。他批注文字较多的，是"纪""传"部分。他读二十四史，细到什么程度？举个例子，读《旧唐书·黄巢传》后，毛泽东根据传中的记述，专门画了一张黄巢起义军的行军路线图。

毛泽东读二十四史，不仅读原著，还习惯评论作者写

读书有法
毛泽东的读书故事

法和注家注解方面的短长，并给予史学上的评论。比如，关于《后汉书》，毛泽东的评价是："写得不坏，许多篇章，胜于《前汉书》。"

1964 年春，毛泽东写了一首《贺新郎·读史》，以诗人的笔调说自己是"一篇读罢头飞雪"，体会到了中国历史的"几千寒热"。

毛泽东读二十四史时，对于他认为有意义的人物传记，还经常送给刘少奇、周恩来、邓小平、彭真、彭德怀等中央领导同志阅读。真个是：读书有乐趣，大家共分享；读史得见识，大家共增长。

"文化大革命"初期，有人反对读二十四史，自称"革命造反派"实际上很不懂事的红卫兵，说那是封建主义的东西。毛泽东听说后，反驳道：不读二十四史，你怎么知道什么是封建社会？

毛泽东读二十四史，不单单是一般性地了解中国的昨天，不光停留在知其然上面，而是进一步知其所以然，考得失，明事理。

有一次，他正在大学读书的儿媳邵华期末考试时"中国通史"考得了好成绩，毛泽东便让她谈谈刘邦、项羽兴衰的原因。邵华按照所记得的教科书中的内容回答了一遍，毛泽东听后笑着说，这是死记硬背，算是知道了点皮毛，但还没有很好地理解。他又说，要多读史料，多想想，能把"为什么"都说清楚，这一课才算学好了。他还对人谈起，研究中国历史，"必须要扎扎实实把二十四史学好"。

读历史的人不一定是守旧的人

毛泽东爱读历史，但他常常是跳出历史来读历史。

20世纪50年代，有人从毛泽东的一些现实决策中觉得他"轻视过去，迷信未来"。这个话传到毛泽东那里，他在1958年1月28日的最高国务会议上专门作出解释说："要读历史。我赞成郭沫若先生那个古史研究。读历史的人不等于是守旧的人。"

毛泽东读史而不守旧，体现在他习惯于从历史中获取灵感，信手拈来一些史实，以说明当前工作中需要解决的问题，思考解决这些问题的方法和思路。

1938年，全民族的抗日统一战线建立后，在统一战线内部，特别是国民党政府同广大主张抗日的各阶层民众之间，对一些问题的认识仍有分歧。这时，毛泽东在延安的一次讲话中，谈到当时整个中国的形势时说：中国历朝以来的政治路线和组织路线，有两条，一条是正当的，另一条是不正当的。如果朝廷里是贤明皇帝，所谓"明君"，那就会是忠臣当朝，这就是正当的，用人在贤；昏君，必有奸臣当朝，是不正当的，用人在亲，狐群狗党，弄得一塌糊涂。历来有这两条路线。组织路线，即干部政策，是随着政治路线改变的。我们要讲正派路线，反对历朝的不正当路线，一句话，就是老老实实，用老老实实来打败日本帝国主义。

1959年8月1日，在庐山会议期间的一次谈话中，为纠正一些地方领导干部在工作中各行其是，假借中央的要求各搞一套的毛病，毛泽东详细讲了一个古人"矫诏"（假传皇帝的指示）的故事。

他说，封建时代，将在外君命有所不受，因相隔太远。遇紧急措施，专之可也。汉朝的马援奉命带兵，去打湖南常德的五蛮、水苗。他年老了，又害了病，毫无办法。少数民族厉害得很，汉兵无纪律，内部有矛盾。马援只好和少数民族妥协，赦免他们，想用皇帝诏书来宣抚。但洛阳太远，他就假传圣旨。这就是所谓矫诏。没有可能请示时，可以矫诏，用上级命令的名义。但现在有无线电、电话、汽车，应该随时请示。否则，各人都矫诏，那怎么行？

一个领导团队，不能有多个中心。这是历史上许多没有成事的政治集团留下的教训。毛泽东读史，注意到这个问题。1964年11月26日，毛泽东在听取工作汇报时，谈到要统一领导，接着说，历史上领导多头总是要失败的。太平天国的时候，洪秀全回了一趟广东，杨秀清说他回到天国了。洪秀全回来时，将领们都是拥护杨秀清的。其实那时杨秀清更年轻有为些，洪秀全应该服从杨秀清的领导。但洪秀全是创教者，是领袖。两权对立，所以失败了。

毛泽东对朱元璋起事过程中提出的"广积粮，高筑墙，缓称王"策略，很是注重。1953年2月在南京游紫金山时，陪同的陈毅讲了当地关于朱元璋的一些传说故事，毛泽东接着说，朱洪武是个放牛娃出身，人倒也不蠢，他有个谋士叫朱升，很有见识，朱洪武听了朱升的话"广积粮，高筑墙，缓称王"，最后赢得民心，得了天下。朱元璋的高筑墙大概是指加高加固城墙，以增强防卫措施。其后代也承其遗志，将长城的土墙加固成砖墙，并增设了许多烽火台。我们知道，在20世纪70年代，毛泽东提出了"备战，备荒，为人民"和"深挖洞，广积粮，不称霸"的主张，从而成为当时全民备战的两个基本口号。这显然是从朱元璋的策略中发展而来的。

毛泽东在《汉书》里读到汉武帝曾经沿汾河乘楼船到闻喜一带，就感慨地说："可见当时汾河水量很大，现在汾河水干了，我们愧对晋民呀！"由此，他很赞成山西省提出来的，把黄河水引到汾河以补充水量的工程设想。

凡此等等，真是把历史读活了。读活了历史，面对现实的难题，解决的方法手段自然会多一些，进而做到古为今用，以古鉴今，从古代汲取治国理政的经验教训。应该说，这正是毛泽东的一个长处或优势。他时常能从历史中获得灵感，从而提出适合今日需要的对策；也能从古人的失败中得出教训，以免重蹈覆辙。

　　一个人，如果对自己的过去，懵懵懂懂甚至一团漆黑，不会是一个明白人。如果阅读历史不是为了今天的需要，一切拘泥于历史，恐怕也不算是一个明白人。对过去和今天都不太明白的人，不见得能做出有光明前景的事业。

张仪故事：没有压力不会进步

战国群雄纷争的关键时刻，出现了两个纵横游说于各国之间的人物。一个叫苏秦，主张把从南到北的六个国家组织起来共同对付西边的秦国。一个叫张仪，主张西边的秦国从西到东，分化瓦解、各个击破东边六国。用今天的话来说，他们都是了不起的政治家、外交家。苏秦是洛阳人，身佩六国相印。张仪是魏国贵族后代，几经曲折，担任了秦相。

《史记·张仪列传》，很清楚地记述了苏秦、张仪二人的关系，和张仪走向成功的具体过程。

1960 年 12 月 26 日，毛泽东六十七岁生日那天，请部分亲属和身边工作人员聚餐时，他绘声绘色地讲述了《史记·张仪列传》上的故事，间或作出有趣的评论：

像今天我们在一起吃饭一样，大家团结得很好，这就

读书有法
毛泽东的读书故事

好。你们整风，检查一下，批评一下，大家还是团结在一块。这就叫作从团结的愿望出发，经过批评或者斗争，使问题得到解决，在新的基础上达到新的团结。批评就是帮助，对人是有好处的。

从前，有张仪和苏秦两个人，都是鬼谷先生的学生。鬼谷是个地方，出了一个先生，所以叫鬼谷先生。后来苏秦在赵国当了宰相，地方就在邯郸。邯郸这个地方，你们到过没有？张仪在楚国做个小官。楚相丢了一块宝玉，怀疑是张仪偷的，把他狠狠打了一顿，满嘴的牙都被打掉了。那个时候，大概还不会安假牙吧！张仪回到家里，叫老婆看看他嘴里的舌子还在不在。他老婆说：舌子还在。他说：那就不要紧了。他跑到邯郸找苏秦，一去就住进"招待所"，大概是现在北京饭店之类的住所，好几天没有见到苏秦的面。后来，苏秦请他吃饭。张仪到了苏秦的衙门，看到摆了酒席，排场大得很，苏秦坐在当中高处，请了各国使节，也有契尔沃年科（当时任苏联驻华大使，毛泽东在这里是作比喻——引者注）。席面当然比我们今天吃的丰盛得多。但是却把张仪安排坐在下面角上，盛了点仆人吃的饭食给他吃。这下子张仪的气可就大了，无非是破口大骂苏秦你这个王八蛋等等。回到"北京饭店"，满肚子的气。"北京饭店"的"经理"看他这个样子，就问他：张先生脸色不痛快，有什么生气的事吧？他说：当然有气！就把当年和苏秦是同学，今天苏秦如此这般对待他说了一番，并且骂苏秦此人简直是无情无义，是王八蛋。这位"经理"

说：这样看来，你在赵国呆不住了。张仪说：当然呆不下去了，马上走。"经理"问他：你到哪里去呢？他说：这倒还没有想好，不管他，走了再说。"经理"说：看来只有到秦国去。张仪一想也对，就此动身。"经理"陪他走到秦国，一路花费大概相当现在的三四十万人民币吧！到了秦国，他们为了见秦王，就走走门路，行些贿赂和送些衣服，一共又花了四五十万人民币。以后，张仪当上了秦国的宰相，"北京饭店"的"经理"就向他告辞回国，并问他今后怎么打算。张仪一提起苏秦还是咬牙切齿，并说过了两年一定要出兵攻打赵国。"经理"见他这样说，就告诉他，赵国宰相苏秦是个好人，当时苏秦所以要气他，是故意的，怕他在赵国安居下来，不想上进，做不了大事。苏秦知道张仪是个人才，能做大事，如果在赵国依靠苏秦，他也只是当个"科长"什么的就算到顶了。策划张仪到秦国来，和给他一切花销，都是苏秦主使的。张仪一听，这才恍然大悟。"经理"又说：苏秦只希望你当了秦国宰相，十五年内不要出兵攻打赵国。张仪听后表示：只要苏秦活着，我就决不出兵打赵国。

这是一个故事。你们看，苏秦对张仪是好意还是恶意？我们之间，进行批评帮助都是好意。就是明明知道某些批评是恶意也要听下去，不要紧嘛！人就是要压的，像榨油一样，你不压，是出不了油的。人没有压力是不会进步的。

毛泽东说这番话的目的，显然是借这个故事来教育亲属和工作人员要自强自立，而且，在进步过程中，要认真、虚心地对待别人的批评意见，要把别人的批评看成是对自己的促进和帮助；同时，相互之间，也要多作坦率的、善意的批评帮助，比如，苏秦了解张仪有贪财的弱点，所以"无因以进"，"恐其乐小利而不遂"平生之大志，才"召辱之，以激其意"。

从张仪发迹前的处境来看，他受到的压力：一是在楚国被猜疑从而挨打受辱；二是投奔才具在自己之下的故友同学，这本来就是件很尴尬的事；三是苏秦的怠慢轻视（他当然不知道苏秦对他的真实用心），这一点是最主要的。毛泽东从这个故事中引申出一个做人的道理：人没有压力是不会进步的！

老粗出身的刘邦，是个人物

毛泽东读史，很注意人物的出身和生平遭际，对刘邦这类出身平民百姓却能走向成功的原因，比较感兴趣。他说过："刘邦能够打败项羽，是因为刘邦和贵族出身的项羽不同，比较熟悉社会生活，了解人民心理。"

据《史记》所载，刘邦似乎并无一技之长，但他却有过人的胆魄和组织才能。《高祖本纪》说到刘邦等刚起事时，大家推举他出来领头。他说："现在天下大乱，群雄并起，选择领导很重要，不是我自顾自己，我担心自己的能力不行，不能保全大家。"虽是谦虚之词，倒还得体。司马迁接着叙述，一同起事的萧何、曹参等人，这些当时比刘邦地位高的知识分子，看重身家性命，担心大事不成，反而被秦朝灭族，故而都推举刘邦带头。

相信毛泽东读《高祖本纪》时对这段描述是感兴趣的。从中可看出刘邦这位老粗同"文吏"们在胸怀格局上的差别。正是这种差别，使萧何、曹参、张良、陈平以及郦食其等文化人出身的造反者，只能归附于刘邦，为其所用。

后来，刘邦当了皇帝，也曾自我总结道："要说运筹帷幄之中决胜千里之外，我比不上张良。要说镇守国家，安抚百姓，供给粮饷，保证粮草不断，我比不上萧何。率百万大军，战必胜，攻必取，我比不上韩信。这三个人都是人中俊杰。我能任用他们，这就是我能够取得天下的原因。"

刘邦说的"用"，就是肯于纳谏，善于选择。这也是毛泽东特别称赞的地方。1962 年 1 月 30 日，在扩大的中央工作会议上，毛泽东向与会人员讲述了《史记·郦生陆贾列传》上的一个故事：

另外一个人叫刘邦，就是汉高祖，他比较能够采纳各种不同的意见。有个知识分子名叫郦食其，去见刘邦。初一报，说是读书人，孔夫子这一派的。回答说，现在军事时期，不见儒生。这个郦食其就发了火，他向管门房的人说，你给我滚进去报告，老子是高阳酒徒，不是儒生。管门房的人进去照样报告了一遍。好，请。请了进去，刘邦正在洗脚，连忙起来欢迎。郦食其因为刘邦不见儒生的事，心中还有火，批评了刘邦一顿。他说，你究竟要不要取天下，你为什么轻视长者！这时候，郦食其已经六十多岁了，刘邦比他年轻，所以他自称长者。刘邦一听，向他道歉，立即采纳了郦食其夺取陈留县的意见。此事见《史记·郦生陆贾列传》。刘邦是在封建时代被历史家称为"豁达大度，从谏如流"的英雄人物。刘邦同项羽打了好几年仗，结果刘邦胜了，项羽败了，不是偶然的。

1964年1月7日的一次谈话中，毛泽东还举了其他有关刘邦纳谏的几件事情：一是听张良劝说，封举足轻重的韩信为齐王；一是楚汉划界鸿沟后，听张良、陈平之劝，乘胜追击引兵东向的项羽；一是刘邦称帝后，欲建都洛阳，听齐人刘敬建议，入都关中长安。有这么一大帮人为其出主意，且其又善于采纳，刘邦这位老粗自然胜过刚愎自用的项羽了。由此，毛泽东提出："老粗出人物。但是，没有几个知识分子也不行。自古以来，能干的皇帝大多是老粗出身。汉朝的刘邦是封建帝王里边最厉害的一个。""南北朝，宋、齐、梁、陈，五代梁、唐、晋、汉、周，很有几个老粗。文的也有几个好的，如李世民。"

老粗出人物，并不是毛泽东读史偶然思考的一个观点，这个话，他讲过多次，特别是晚年读史，越来越强调这个观点。1964年3月24日，毛泽东在一次谈话中说，可不要看不起老粗。同年5月12日的一次谈话中，又说："《明史》我看了最生气。明朝除了明太祖（朱元璋）、明成祖（朱棣）不识字的两个皇帝搞得比较好，明武宗、明英宗还稍好些以外，其余的都不好，尽做坏事。"

毛泽东在此道出了一个历史上的事实，就是统率之才并非只有读书人才行。有些读书不多的人也能成大事。但如果就此得出知识分子没用的结论，那就大错特错了。

历史上的老粗能成大事，很大一个原因在于他们善于利用读书人的才智，刘邦如此，刘备如此，李世民如此，朱元璋更是如此。事实上，老粗们在成大事过程中都或多或少地走向"儒化"，在实践中成长成为毛泽东说的"高明的政治家"。而这，正是毛泽东对刘邦的评价。

为什么不能学楚霸王

　　《项羽本纪》是《史记》里十分有声色的一篇。项羽在历史上的作用，是在中国历史上的第一次农民大起义中，以暴风骤雨的声势摧毁了强大的秦国。灭秦以后，项羽为西楚霸王，刘邦被封为汉王，随即进行了长达八年的楚汉战争，结果项羽败了，刘邦胜了。

　　关于项羽失败的原因，古人多有总结。毛泽东的总结，则很有特点。

　　1963 年 1 月 7 日，毛泽东在一次谈话中，曾说到项羽有三个错误：一个是鸿门宴不听范增的话，放跑了刘邦；一个是楚汉订立了鸿沟协定，项羽当真了，而刘邦却不以为然，不久就违反协定东进攻楚；再一个就是他建都徐州，位置没有选好。

　　在毛泽东看来，项羽的失败，除了在以上战略失误外，最重要的原因是"不爱听别人的不同意见"，即不能知人、

读书有法
毛泽东的读书故事

用人，不肯纳谏，从而在鸿门宴不杀刘邦反而放跑了他，应该乘胜夺取汉甬道的时候，反而放弃了。这些，恰恰都是他手下谋士范增极力主张的。

毛泽东当然不是就史论史。他讲项羽的失败教训，通常情况下，是针对那些缺乏民主作风的领导干部，要他们引以为戒。

在1962年1月30日扩大的中央工作会议上，毛泽东向与会人员说得很透彻：

> 只要是大事，就得集体讨论，认真地听取不同的意见，认真地对于复杂的情况和不同的意见加以分析。……如果不是这样，就是一人称霸。这样的第一书记，应当叫做霸王，不是民主集中制的"班长"。从前有个项羽，叫做西楚霸王，他就不爱听别人的不同意见。他那里有个范增，给他出过些主意，可是项羽不听范增的话。……我们现在有些第一书记，连封建时代的刘邦都不如，倒有点像项羽。这些同志如果不改，最后要垮台的。不是有一出戏叫《霸王别姬》吗？这些同志如果总是不改，难免有一天要"别姬"就是了。

毛泽东还说，要对不"认真地听取不同的意见"的干部，"挖苦一点"，"戳得痛一点"，"让这些同志好好地想一想"。为此，他还特意把《史记·项羽本纪》挑出来给一些干部读，以引起注意。从这以后，"西楚霸王"便成为中共党内批评不民主作风的代名词了。

除此之外，毛泽东认为项羽还有一个致命弱点，就是"沽名"。

司马迁在《史记·淮阴侯列传》中，也说到项羽有"妇人之仁"。其具体事例，在《史记·项羽本纪》中多有记叙。比如，项羽率部经过苦战，击败秦军主力，比刘邦后入关，两军发生冲突。可项羽"为人不忍"，为避免负"不义"之名，没有以四十万对十万的军事优势去消灭刘邦，甚至在鸿门宴上莫名其妙地阻止了部下诛杀刘邦之举。

毛泽东认为尤不可学的，应当还有项羽对诡计多端的敌人姑息宽容的做法。在楚汉战争最激烈的时期，两军在荥阳相持，本来楚军已经切断了刘邦的粮道，刘邦害怕了，便请求休战，以让出荥阳来换取项羽承认荥阳以西为汉的领土，项羽竟同意了。后来，战事几经反复，楚军逐渐失去了优势，于是项羽和刘邦约定，平分天下，以鸿沟为界，鸿沟以西归刘邦，鸿沟以东归项羽。合约签订后，项羽就解除了戒备，引兵回到了东边，可刘邦却背约出击，打了过来，终于在垓下彻底击败了项羽。

1949 年 4 月毛泽东写"宜将剩勇追穷寇，不可沽名学霸王"的时候，南京国民党政府的和谈代表便曾提出划江而治的方案，维持类似历史上南北朝时期的政治形势。读通了历史的毛泽东，自然胸中有数，项羽失败的教训，仿佛就在眼前。于是，在人民解放军渡过长江，占领南京时，他欣喜地写下"宜将剩勇追穷寇，不可沽名学霸王"这样的诗句。

　　毛泽东对项羽败走乌江时，以"与江东子弟八千人渡江而西，今无一人还"为由，觉得无颜见江东父老，于是自杀而死，是不赞同的，但他并不完全持否定的态度，觉得这悲剧结局中还多少体现了一些个性风采。

要认清自己，更好成长

毛泽东喜欢"讲古"，常常借历史来表达对现实问题的看法，或暂时不方便明说的一些心曲。其中，他运用发挥李固《遗黄琼书》和刘向《战国策·触龙说赵太后》的故事，就是典型的例子。

黄琼、李固都是东汉名士，以耿直方正、敢于直言著称。李固多次上书汉顺帝，劝他选好官，为天下树立榜样。后来，黄琼被举荐到朝廷做官，走到途中，却犹豫起来，于是称病不肯前往。经朝廷敦促，黄琼才继续向京城出发。在黄琼到达洛阳近郊的时候，素来仰慕黄琼名声的李固写了一封信给他，即毛泽东说的"李固给黄琼书"。

这封信从两个方面启发开导黄琼：一方面批判了当时名士的孤傲；另一方面针对当时名士名不副实，以致容易被人攻击的缺点，对黄琼进行了规劝告诫。黄琼显然接受了李固的观点，做官后，经常上书规劝汉顺帝，所提批评和建议多被采纳。

毛泽东很欣赏李固写给黄琼的信。他在 1966 年 7 月 8 日给江青的信中说："我曾举了后汉人李固写给黄琼信中的几句话：峣峣者易折，皎皎者易污。阳春白雪，和者盖寡。盛名之下，其实难副。这后两句，正是指我。我曾在政治局常委会上读过这几句。人贵有自知之明。""事物总是要走向反面的，吹得越高，跌得越重。"

看来，毛泽东是借这几句话来作自我剖析，担心"盛名之下，其实难副"，因此提醒自己要有自知之明。他在这封信中反复说到自己自信和不自信的问题，说到山中无老虎，猴子称大王等，都使人从一个侧面体会到毛泽东当时复杂和微妙的心态。

毛泽东喜欢黄琼、李固两人正直敢言。1965 年，他还把《后汉书》里的《黄琼传》《李固传》，推荐给刘少奇、周恩来、邓小平、彭真、陈毅等党和国家领导人阅读。许多高级干部听说此事后，也都找来阅读。

1974 年，毛泽东再次说到《后汉书·黄琼传》里李固给黄琼的信。

同年 11 月 12 日，江青在给毛泽东的信中提出筹备四届人大的一些人事建议。毛泽东当天就在信上批示："不要多露面，不要批文件；不要由你组阁（当后台老板）。你积怨甚多，要团结多数。至嘱。人贵有自知之明。"这些批评和劝诫的潜台词，不难体会。

11 月 19 日，江青又给毛泽东写信，说"自九大以后，我基本上是闲人，没有分配我什么工作，目前更甚"。11月20日，毛泽东给江青写了封短信："江青：可读李固给黄琼书。就思想文章而论，都是一篇好文章。你的职务就是研究国内外动态，这已经是大任务了。""此事我对你说了多次，不要说没有工作。"看来，毛泽东是借"李固给黄琼书"，再次提醒江青要"有自知之明"。

毛泽东多次在会议上，对高级干部们讲起《战国策》中《触龙说赵太后》这篇文章，也给自己的孩子们专门讲过。

这篇文章说的是，秦国要攻打赵国，赵国请齐国派兵解围，齐国提出，要把赵太后最喜欢的小儿子长安君送去做人质，才肯出兵，但赵太后不愿意。大臣触龙劝说道："各诸侯国的子孙受封为侯的，三世之后就没有了，原因就是他们'位尊而无功，俸厚而无劳'，如今您给长安君那么高的位置、那么富裕的封地，现在国家需要他，却不叫他及时为国家立功，您去世后，他还能在赵国立足么？父母喜爱子女，就应该替他们考虑长远。"赵太后一听有道理，就答应让长安君去做人质。

1967年4月，毛泽东在一个材料上，加写了一段话：

这篇文章（即《触龙说赵太后》）反映了在封建制代替奴隶制的初期，地主阶级内部财产和权力的再分配。这种再分配是不断地进行的，所谓"君子之泽，五世而斩"，就是这个意思。我们不是代表剥削阶级，而是代表无产阶级和劳动人民，但如果我们不注意严格要求我们的子女，他们也会变质……

　　把教育和锻炼下一代同国家的未来联系在一起，不使他们"位尊而无功，俸厚而无劳"，是毛泽东的一贯想法。换从青年人的角度讲，毛泽东也是在提醒干部子弟，不要把自己看得很高，不能靠吃父母的老本来发展自己。要有自知之明，要有凡事靠自己奋斗的志气。这也是毛泽东要专门给自己的孩子们讲《触龙说赵太后》的用意所在。

不能给曹操贴上"奸雄"的标签

在中国，曹操是妇孺皆知的历史人物，也是史学界颇有争议的人物。曾有人评价他为"治世之能臣，乱世之奸雄"，特别是随着《三国演义》的普遍流传和戏剧舞台上曹操造型的奸相脸谱化，把曹操视为"旷世奸雄"的观点被更多的人接受。卢弼的《三国志集解》，就有这种倾向。毛泽东在这本书的《魏书·武帝纪》里，圈画、批注得较多，对曹操给予了充分肯定。

1958 年 11 月 20 日，在武汉东湖召开的工作座谈会上，毛泽东明确提出："现在我们要给曹操翻案。……说曹操是奸臣，那是封建正统观念制造的冤案。"

大概是因为这段要为曹操翻案的谈话，传了出去，1959 年，文史学界在报刊上展开了一场影响很大的、替曹操恢复名誉的讨论。

这场讨论是由郭沫若发表在 1959 年 1 月 25 日《光明

日报》上的《谈蔡文姬的〈胡笳十八拍〉》一文引起的。这篇文章说曹操，"锄豪强，抑兼并，济贫弱，兴屯田，费了三十多年的苦心经营，把汉末崩溃了的社会基本上重新秩序化了"。所以，"曹操对于民族的贡献是应该作高度评价的，他应该被称为一位民族英雄"。

该文发表后，读者关于曹操的评价仍是议论纷纷。1959 年 2 月 19 日，《光明日报》又发表翦伯赞的《应该替曹操恢复名誉——从〈赤壁之战〉说到曹操》一文。《光明日报》的《史学》专刊还专门印上"关于如何评价曹操的讨论"的刊头。《人民日报》和上海、广州等地的报刊也发表了讨论文章。

主张为曹操翻案的论者，大都要提到《三国演义》，说是《三国演义》把曹操的形象搞坏了。郭沫若就说："自《三国演义》风行以后，更差不多连三岁的小孩子都把曹操当成坏人，当成一个粉脸的奸相，实在是历史上的一大歪曲。"

毛泽东关注这场讨论，并同意郭沫若、翦伯赞的观点。当然，感情的、道德的评价，不能代替历史的评价。毛泽东评价历史人物，多是看他在历史上有没有起到进步作用。1954 年夏在北戴河，他还说："曹操统一北方，创立魏国。那时黄河流域是全国的中心地区。他改革了东汉的许多恶政，抑制豪强，发展生产，实行屯田制，还督促开荒，推行法制，提倡节俭，使遭受大破坏的社会开始稳定、恢复、发展。这些难道不该肯定？难道不是了不起？"

那么，曹操这样一个杰出的人物，为什么会被人们贬斥成反面人物呢？

郭沫若和翦伯赞都注意到宋以后封建正统的历史观。对这个思路，毛泽东作了进一步发挥。1959年2月，他读了翦伯赞的文章后说："《三国演义》的作者罗贯中不是继承司马迁的传统，而是继承朱熹的传统。南宋时，异族为患，所以朱熹以蜀为正统。明朝时，北部民族经常为患，所以罗贯中也以蜀为正统。"这就揭示出《三国演义》丑化曹操的原因，在于明君臣之分，严华夷之辨，是宋代和明代文人固守的皇权正统观念。所以，《三国演义》的作者罗贯中要以蜀汉为正统，贬低曹操。

毛泽东要为曹操翻案，也不是一意标新立异，而是尽量做到实事求是，有功说功，有过说过。毛泽东也不讳言曹操的一些失误。

1966年3月，在杭州的一次小型会议上的谈话中，毛泽东说：曹操打过张鲁之后，应该打四川。刘晔、司马懿建议他打。刘晔是个大军师，很能看出问题，说刘备刚到四川，立足未稳。曹操不肯去，隔了几个星期，后悔了。曹操也有缺点，有时也优柔寡断。这个人很行，打了袁绍，特别是打过乌桓，进了五百多里，到东北迁安一带，不去辽阳打公孙康。袁绍的儿子袁尚等人，要谋害公孙康，公孙康杀了袁尚兄弟送头给曹操，果然不出所料。逼得太急就会互相救援，缓一些就会互相伤害。

不因个人喜好评价历史人物，反映出毛泽东作为政治家的读史态度。

　　一直到晚年，毛泽东对曹操的评价都很高。1975 年，他对为他读书的芦荻说：汉末开始大分裂，黄巾起义摧毁了汉代的封建统治，后来形成三国，这是向统一发展的。三国的几个政治家、军事家，对统一都有所贡献，而以曹操为最大。司马氏一度完成了统一，主要就是曹操那时打下的基础。

袁绍优柔寡断

　　袁绍出身于四世三公的大士族。在汉末群雄混战中，起初他的势力最大，曾是讨伐董卓的盟主，后地广兵多，手下谋臣如云，武将如雨。但时间不长，袁绍在官渡之战中被曹操打得落花流水。

　　袁绍的失败，与他的见识、能力和胸怀有关。对此，《三国志》里的《袁绍传》《郭嘉传》及《武帝纪》都有所描述和评论。毛泽东读《三国志》，很注意作者对袁绍失败原因的描写。

　　1959年庐山会议期间，7月11日晚，毛泽东找周小舟、胡乔木、田家英、李锐、周惠谈话，说到由陈云出来主管计委工作这个话题时，毛泽东说：袁绍优柔寡断，不会用将。当时，袁绍打败公孙瓒，兼并四州之地，率领数十万军队，准备进攻许昌。诸将都以为不可抵挡，曹操却说："我知道袁绍的为人，志向很大而能力不足，看起来很严厉却胆子很小，忌讳很多而威信很小，兵很多但部署安排混乱，将领都很骄傲，没有统一的号令，但是占的地盘又大、粮食也很多，正好是我们攻打的对象，打下来可以补充我们自己。"

毛泽东还多次谈到郭嘉对袁绍的评价。《三国志·郭嘉传》记载，郭嘉起初在袁绍手下做事的时候，曾私下对袁绍的谋士辛评、郭图说："袁绍不懂得用人，犹豫不决，这种人成就大业很难。"

毛泽东很同意曹操、郭嘉对袁绍的评价，在多次谈话中，还提炼出袁绍的两个致命弱点：一是好谋无决，多端寡要，从而不能采纳正确意见，不能用人；二是见事迟，得计迟，这样行动起来总是丧失机会，慢半拍。这两点，在《三国志·袁绍传》里都有不少记载。

例如，郭图劝袁绍迎接天子到邺县建都，袁绍不同意。正好碰上曹操迎天子在许昌建都，由此借天子声威收复黄河以南地区，关中也归附曹操。这时，袁绍又后悔了，想要曹操把天子迁到鄄城，被曹操果断地拒绝了。

袁绍进军黎阳，派手下大将颜良去一个叫白马的地方攻打曹操手下刘延所率部队。谋士沮授劝阻说，颜良生性急躁狭隘，有勇无谋，难以独担此重任。袁绍不听。曹操出兵救刘延，结果颜良败死。这就是袁绍不能知人、用人的后果。

官渡之战中，沮授屡屡向袁绍献计，但他所献之计都没有被袁绍采纳。更有意思的是，在官渡之战前，袁绍的另一个谋士田丰曾劝袁绍不要南下打曹操，应该先巩固所占领的北方四州，同曹操打持久战，然后派出奇兵攻曹操虚弱的地方。袁绍不听，认为田丰破坏士气，给他戴上镣铐，把他关押起来。然后尽其兵马在官渡同曹操决战，结果失败。消息传到后方，有人对田丰说："当初你的建议是对的，看来这次要被重用了。"田丰说："如果将军的大军得胜，我一定能保全性命；现在将军战败，我是死定了啊。"袁绍回来后，对左右侍从说："我不听从田丰的劝告，终究会被他耻笑。"于是袁绍杀了田丰。

在毛泽东看来，不称职的领导，常常失误于见事迟，得计迟，丧失了战略主动权。成败之举，在于明察要点，然后当机立断。

1959 年 3 月 2 日，毛泽东在郑州召开的中共中央政治局扩大会议上，专门讲了袁绍见事迟，得计迟的故事，然后，话锋一转，说起了蒋介石在辽沈战役中指挥国民党军队的失误所在：

蒋介石就是见事迟，得计迟。形势已经出来了，他还没有看见，等看见了又不好得计。比如辽沈战役时他对卫立煌的部队，总是犹豫不决，最后才下决心，强迫他去热河到北京。如果早一点，我们围攻锦州的炮一响就让他马上走，我们就没有办法，只能切他一个尾巴。如果在我们还没有打锦州时，就把沈阳、锦州统统放弃，集中于平津，跟傅作义搞在一起，我们也不太好办。

看来，批评领导者见事迟，得计迟，不只是毛泽东读史评古人才有的想法，他是把它当作现实问题，当作提高干部队伍的基本素质的问题提出来的。毛泽东不希望现实中的领导干部，出现袁绍这种优柔寡断而又刚愎自用的人。

郭嘉多谋善断，很值得学习

　　1959 年，毛泽东在一些重要场合谈论最多，并给予很好评价的历史人物，恐怕要数三国时曹操的谋士郭嘉了。

　　他喜欢郭嘉，在于其多谋又善断，且谋断都很准确，再加上其英年早逝，更使人惋惜。作为一代领袖，毛泽东高度评价这位多谋善断的历史人物，自然是希望各级领导干部向郭嘉学习，做事要多商量，但不要优柔寡断；要当机立断，但不要武断。这样，领导干部就可以把工作做得更好。

　　1959 年 3 月 2 日，在郑州召开的中央政治局扩大会议上，毛泽东说郭嘉为曹操出了"许多好主意"。接着，他几乎把《三国志·郭嘉传》记载的，郭嘉为曹操出谋划策的故事都讲了出来：

　　三国时候，曹操一个有名的谋士，叫郭嘉，二十七岁

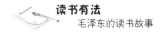

到曹操那里当参谋，三十八岁就死了。赤壁之战时，曹操想他，说这个人在，不会使我处于这种困难境地。许多好主意就是他出的。比如，打不打吕布，当时议论纷纷。那时袁绍占领整个河北和豫北，就是郑州以北，曹操在许昌，吕布在徐州。郭嘉建议先打吕布。有人说，打吕布，袁绍插下来怎么办？郭嘉说，袁绍这个人多端寡要，见事迟，得计迟，不要怕，袁绍一定不会打许昌。于是曹操就去打吕布，把吕布搞倒了。如果不先打吕布，如果吕布跟袁绍联合起来同时攻击，曹操就危险了。郭嘉这个计策很成功。然后又去打袁绍。袁绍渡了黄河，在郑州与洛阳之间曹操打胜了。接着引出是不是去打袁绍的两个儿子袁谭、袁尚的问题。郭嘉说：不要打，我们回师，装作打刘表，把军队摆到许昌、信阳之间，他们一定要乱的。果然，曹操的军队一搬动，几个月，两兄弟就打起来了。袁尚把哥哥包围在山东平原（德州），哥哥眼看要亡党、亡国、亡头，就派了一个代表叫辛毗的，跑到曹操这里来求救。曹操去救，乘势夺取了安阳，消灭了袁尚的部队，袁尚本人跑到辽东去了，然后再去消灭了袁谭。这个计策也是郭嘉出的。在河北冀东追袁尚时，郭嘉又出一计，他说：他不防备，我们轻装远袭，可以得胜。就在这个时候，郭嘉得病，三十八岁就死了。这个人很有名。《三国志·郭嘉传》可以看。

毛泽东用自己的话把《三国志·郭嘉传》完整地复述出来，不下功夫反复阅读是很难做到的。

据李锐的《庐山会议实录》一书记叙，1959 年 7 月，毛泽东找李锐等人谈话，又说到郭嘉，他说世上没有先知先觉，没有什么前知五百年、后知五百年的刘伯温，无非是多谋善断、留有余地。《三国志》里的《郭嘉传》值得一读，郭嘉这个人足智多谋。

毛泽东在 1959 年为什么反复谈到郭嘉呢？这与总结和解决 1958 年的"大跃进"和人民公社化运动中出现的问题有关。1959 年三四月间，毛泽东连续写了五篇党内通讯，强调要从过去几个月的措施失当这样一个深刻的教训中获取经验，反对"浮夸风"等"左"的错误倾向。

1959 年 4 月，在上海召开的中共八届七中全会上，毛泽东又着重谈到做工作要多谋善断、留有余地等问题。据薄一波回忆，毛泽东在会上推荐人们读《三国志·郭嘉传》时，专门作了解释。他说，多谋善断这句话，重点在"谋"字上。要多谋，少谋是不行的。要与各方面去商量，反对少谋武断。商量又少，又武断，那事情就办不好。谋是基础，只有多谋，才能善断。谋的目的就是为了断。要当机立断，不要优柔寡断。毛泽东还说，应当根据形势的变化来改变计划。反对党内一些不良倾向，也要当机立断。

多谋善断，具体到干部作风上，就是要善于思考问题，善于做工作。一方面，要善于与各方面的人包括与自己意见相反的人商量事情，到群众中去调查，听取各种意见。这就是"多谋"，是一种民主作风。另一方面，又要能够正确集中来自各方面的意见，不失时机地作出判断与选择，

读书有法
毛泽东的读书故事

这就需要提高马列主义水平，需要胆略和魄力。这就是"善断"。

毛泽东在 1959 年 3 月 2 日中央政治局扩大会议上还说，现在他是借郭嘉的事来讲人民公社的党委书记以及县委书记、地委书记，要告诉他们，不要多端寡要，多谋寡断。谋要多，但是不要寡断，要能够当机立断；端可以多，但是要抓住要点。

"智"在中国文化里占有很高的地位，古人言"智信仁勇"，"智"已经化为一种德行，上升到道德的高度，有智者方可谋大事、成大业，居于领导岗位更是这样。正是鉴于此，毛泽东才希望干部中多出几个郭嘉式的人物。

吕蒙读书：士别三日，刮目相看

　　吕蒙是东吴的大将，十五岁就开始随姐夫邓当出征。孙策很赏识吕蒙的勇敢。孙权继位后，吕蒙南征北战，多立奇功。但吕蒙很少书信上报，每次遇到大的事情，都是口头记录下来传回后方。于是孙权劝吕蒙读书。此后吕蒙见识日广，更加有勇有谋。周瑜死后，鲁肃接任东吴统帅，在如何对待关羽的问题上，吕蒙帮助鲁肃筹划了"五策"，使鲁肃十分惊异。后来吕蒙代鲁肃成了东吴领兵的统帅，为孙权出了许多好主意，指挥作战，几乎无不取胜。

　　孙权评价吕蒙说，吕蒙年轻时，只是勇猛果敢而已，后来随着学问增长，好的筹划谋略随之而来。《三国志》作者接着说，吕蒙勇猛而又有谋略决断，懂得军事大计，有国士的雅量，不能仅看作是个武将。

　　1958 年 9 月，毛泽东到安徽视察工作，同行的有民主人士张治中和当时任公安部部长的罗瑞卿。在火车上，毛泽东读《三国志》里的《吕蒙传》。

闲谈中，毛泽东同他们说起吕蒙发愤读书的故事：吕蒙从小参军，虽然骁勇有胆略，但没有文化，当了带兵官后禀报军情时只能心记口述，很感苦恼。孙权劝他读书，他说军务倥偬没时间。孙权便以自己为例，说明只要有决心，时间不是主要的问题。吕蒙听从了，刻苦自学，数年之后，判若两人，不再是吴下阿蒙。"士别三日，当刮目相看"，就是从这里来的。

后来，吕蒙当了东吴的统帅，打了许多胜仗，还使关羽败走麦城。说到这里，毛泽东建议军队中行伍出身的高级军官，"不可不读"《吕蒙传》。毛泽东还对罗瑞卿说，公安干警应成为有文有武的人，才能适应社会主义建设的需要。

《吕蒙传》记叙，吕蒙统兵与关羽对峙。这时，关羽正在攻打曹魏占据的樊城，吕蒙上书孙权说："关羽征讨樊城，在荆州留下不少兵马，担心我抄他的后路。如果我假装有病，回到建业休养，关羽听说后，肯定会把留下防备我的军队调往前线。乘他后方空虚，我率军队昼夜北上袭击，就可以拿下荆州的领土，甚至可以俘获关羽本人。"

毛泽东读到这里，批注道："诡计。"关羽果然中了吕蒙之计，抽调荆州后方大量兵力赶赴襄阳、樊城前线，吕蒙随即轻取荆州，关羽在回兵时，也遭擒杀。这是吕蒙"诡计"所建的一大奇功。

毛泽东读史，常常对那些读书很多但是死读书的人不以为然。这与他晚年多次表露过的文化低的人打败文化高的人的观念有联系。他欣赏吕蒙年长后好学，提倡行伍出身的高级军官读《吕蒙传》，表明他晚年对这个问题的认识还有另一面。

还有一个例子，也是有关《三国志》的。有一次，在谈话中，毛泽东说道：

三国时吴国的张昭，是一个经学家，在吴国是一个读书多、有学问的人，可是在曹操打到面前的时候，就动摇，就主和。周瑜读书比他少，吕蒙是老粗，这些人就主战。鲁肃是个读书人，当时也主战。可见，光是从读书不读书、有没有文化来判断问题，是不行的。

毛泽东这里说的是《三国志》记载的"赤壁之战"的事情。曹操率大军下江南，搞得东吴孙权的阵营惶惶不安。孙权在和与战之间犹豫不决，手下文武两班人马各持己见。以张昭为首的谋士文臣多为主和派，以周瑜为首的一班将领则为主战派。鲁肃虽是读书出身的行政官员但也主战。文士主和，大多因他们的长处不能在大敌当前时克敌制胜，未必与读书多少有关。周瑜虽为拥兵大将，但也是读书人出身。鲁肃办外交，有较多的实际政治才干，看问题较长远些，他主战也在情理之中。

毛泽东既叹息读书很多但死读书之误，又感慨不喜读书之陋，于是提倡"知识分子劳动化，劳动人民知识化"。他总是乐于全面地看问题。

读书有法
毛泽东的读书故事

才德远超他人的马周

对历史上那些才德兼备的干臣，毛泽东总是欣赏有加。

《新唐书·马周传》记载，马周早年是中郎将常何的家客，替常何向唐太宗写了一份奏折，讲了二十多件事，都切中时弊。唐太宗发现这是一个难得的人才，便步步擢升他，他最终成为朝廷大臣。

在《旧唐书·马周传》的天头上，毛泽东用粗重的笔迹写着："马周，年四十八。"在《旧唐书》《新唐书》的《马周传》中，毛泽东有许多批注，对马周极为赞赏。

但《新唐书》作者之一欧阳修，在《马周传》里却评论说，马周由一介平民百姓，得到唐太宗的赏识和提拔，然而马周才能不如傅说、吕望，没能让后来的人称道，可惜呀。傅说，商朝人。相传他本是奴隶，武丁王在傅岩这个地方发现他，提拔他为宰相，后来他协助武丁王大治于天下。吕望，俗称姜太公，他年老隐居，经常垂钓于渭水之阳，周文王外出打猎时发现他，立他为师。吕望智勇双全，协助周武王灭纣，建立了殊勋。

欧阳修认为，马周虽自比为傅说和吕望，但才能不及他们，所以后世很少记述他的事迹。毛泽东不同意这个评价，在欧阳修这段话的天头上，批注说："傅说、吕望，何足道哉。马周才德，迥乎远矣。"意思是马周的才德，远比傅说、吕望高得多。

事实上，马周确实是一位很有才能和胆识的人。《旧唐书》《新唐书》说他上奏时，机敏善辩，清晰深刻，切中要害，处理问题周到细致，历史上"贞观之治"的出现，他起了不少作用。当时的舆论，称其为苏秦、张仪、终军、贾谊一类的人物。

毛泽东最看重的，是马周在贞观六年（632年）给唐太宗的那份著名奏折。在《新唐书》这一段的天头上，毛泽东批注："贾生《治安策》以后第一奇文。宋人万言书，如苏轼之流所为者，纸上空谈耳。"

贾生是指西汉的贾谊，他写的《治安策》被毛泽东评价为，"全文切中当时事理，有一种颇好的气氛"，"是西汉一代最好的政论"。毛泽东认为马周的奏折是《治安策》后的"第一奇文"，主要也是因为它"切中当时事理"，和宋代一些文士夸夸其谈的大篇大论，完全不一样。

具体说来，马周的奏折"奇"在何处呢？

马周建议唐太宗节俭治国，力戒奢侈，关心百姓的疾苦。毛泽东在《旧唐书》《新唐书》中有关马周的这一部分

读书有法
毛泽东的读书故事

密加圈点，在"节俭于身，恩加于人"处，逐字加了套圈，天头上连画三个大圈。马周尖锐指出，现在京城和一些地方，太过奢侈华丽，而老百姓所服的徭役太重，都十分怨叹。唐太宗年轻的时候在民间生活过，知道百姓的辛苦。前朝的兴败，唐太宗也是亲眼所见。在这些地方，毛泽东字字都加了旁圈，在天头上画了三个大圈。他对马周从国家前途着想，敢于尖锐地反映敏感的现实政治问题，不粉饰太平的行为，颇为赞赏。

马周希望唐太宗注意到百姓苦乐决定国家兴亡这个道理。他说，自古以来，国家兴亡，不在积蓄多少，而在于老百姓是否过得安乐。这个观点在封建社会中是很难得的。毛泽东在此处天头上画了三个圈，逐字加了旁圈。马周还举例说，隋朝末年，各处设有那么多粮仓，藏有大量金银、布帛，偏偏不拿出来救济老百姓，结果李密（隋末农民起义瓦岗军的领袖）、王世充（本为隋将领，后反叛）起来造反，这些都成了帮助造反者的财物。毛泽东对这段文字逐字加了旁圈。

马周建议唐太宗分封诸王、功臣要得当，要选拔好州县一级的官员。他说，对诸王和功臣的封赏目前有些过分了，要"预为节制"才对。他又说，治国的关键在"以人为本"，而"以人为本"的关键，是选拔贤能的人去当州里的刺史和县令，他们直接面对老百姓，能使"百姓安乐"。在这些地方，毛泽东也是逐字加了旁圈。

"贞观之治"是唐朝的鼎盛时期。马周居安思危，看到当时政治上的种种弊端和隐患，提出的建议，具有清醒的洞察力和政治远见。这是马周被毛泽东称道的重要原因。

徐有功公正执法，愿以身殉志

武则天时期的徐有功，是位坚守信念、公正执法的典型。

毛泽东对《旧唐书》《新唐书》的《徐有功传》都有很多圈画，并写有一条较长的批注。在《新唐书》的封面上有毛泽东手书的目录，其中"徐有功传"四个字下，画着引起注意的曲线，这可能是他为了再次阅读或便于查找而作的标志。

《旧唐书》《新唐书》称赞徐有功"为政宽仁，不行杖罚"，"为政宽仁，不忍杖罚"。毛泽东在这两处都逐字加了旁圈，后者还在句末画了一个大圈套着一个小圈，天头上连画三个大圈套小圈。这种读书标记，在文内还有多处，有加重和特别强调的意思，在毛泽东的其他圈画、批注中是较少见到的。传记中有关徐有功秉公执法、不徇私情的许多事迹，毛泽东多有圈点，十分重视。

武则天称帝后，惧怕大臣不服和谋反，信用酷吏周兴、来俊臣等人，重赏鼓励告密者。一时冤狱遍地，人人震恐，莫敢正言。徐有功却无所畏惧，多次当面和武则天争论是非曲直，武则天严厉批评，徐有功却更加坚持自己的意见。毛泽东在《新唐书》中有关徐有功的这一段，逐字加旁圈，每句末都加了套圈。

润州刺史窦孝谌的妻子庞氏，被诬陷判死。徐有功了解到庞氏无罪，出来为之申辩，而自己却被判庞氏死刑的人所弹劾，说他包庇罪人，应获死罪。有人哭着把这个消息告诉他，徐有功却说："难道只有我一个会死，别的人都会长生不死吗？"随后，徐有功安步而去。毛泽东在这段记载中，逐字加了旁圈，每句末都加了套圈，还在传记的天头上画着三个大圈。

《新唐书·徐有功传》接着叙述，武则天质问徐有功："你为什么最近断案多有差错？"徐有功回答："我断案出错，是'小过'；爱惜生灵，那是陛下的'大德'。"武则天听后默然无语，不得不免去了庞氏的死刑，同时也将徐有功免职为民。对徐有功的这段回答，毛泽东逐字加了旁圈，每句末加了套圈。

为一件案子，徐有功曾经和武则天当面争执起来，武则天大怒，在场的几百个人都缩着脖子不敢出声，只有徐有功依然平心静气，说话平和。毛泽东对这一段，每句末加了套圈，有的逐字加以旁圈，在天头上画着三个套圈。

徐有功执法不徇私情，曾被人弹劾入狱。后来，弹劾他的人犯事下狱。徐有功却为他往来奔走，澄清事实，营救其出狱。有人问徐有功："他陷你于死地，为什么还要救他?"徐有功回答说："你说的是'私忿'，我要坚守的是'公法'，'不可以私害公'。"毛泽东对此逐字加旁圈，每句末加套圈。

徐有功耿直公正的品格，不计得失、不畏权贵、守法护法、为法献身的精神，确实令人敬佩。毛泽东读这篇传记，也十分动情。徐有功在一次被弹劾罢官又被起用时，给武则天写了一份奏折，大意是说，生活在山林的鹿，很难逃脱被猎杀，成为人们厨房案头肉的不幸命运。徐有功以鹿自喻，预见到自己必然为守法护法而死于非命的悲剧。毛泽东在这些话旁，每字都加了三角标记，在天头上写了一段批语。

但毛泽东不同意徐有功"命系庖厨"的说法，认为为守法护法而死，以身殉志，是很伟大的。毛泽东为徐有功动情，进而联想到许多像徐有功这样以身殉志的英雄："'命系庖厨'，何足惜哉，此言不当。岳飞、文天祥、曾静、戴名世、瞿秋白、方志敏、邓演达、杨虎城、闻一多诸辈，以身殉志，不亦伟乎!"

这些人，时代不同、身份不同、作为不同、信仰不同，但个个都为正义、为真理、为信仰而壮烈牺牲。他们坚守了自己的志节，在历史上留下了属于自己的印迹。

读书有法
毛泽东的读书故事

《资治通鉴》为什么写得好

　　除二十四史外，宋代司马光写的《资治通鉴》，是毛泽东最喜爱读的一部史书。晚年，他曾同工作人员孟锦云说过，这部书他读了十七遍。在毛泽东故居书房里，既有这部书的线装本，也有1956年古籍出版社标点整理后的平装本，这本平装本正是毛泽东提议标点整理的。在这两本《资治通鉴》里，都有他的圈点、批注。

　　毛泽东在青少年时代，就认真读过以其他形式编印的《资治通鉴》。1912年春天，毛泽东考进湖南全省高等中学校（后改名省立第一中学）。他的历史知识和对历史的兴趣，使教师感到惊奇。国文教员胡汝霖特地将自己的一部《御批通鉴辑览》借给他看。

　　这部书，对于青年毛泽东来说，起到了一个借书给他看的老师没有预料到的效果。1936年，他同斯诺谈说起这事："我读了《御批通鉴辑览》以后，得出结论，还不如自学更好。我在校六个月就退学了，订了一个自修计划，每天到湖南省立图书馆去看书。"

我们不知道的是，当时使毛泽东感兴趣的，究竟是《资治通鉴》中写的那些史迹还是乾隆的批语。毛泽东正式读《资治通鉴》全本，是在湖南省立第一师范学校学习期间，1964 年 9 月 7 日同湖南省委负责人谈话时，他专门确认过此事，说《资治通鉴》就是在湖南省立第一师范学校的时候读的。

那么，《资治通鉴》到底好在哪，毛泽东为什么要一读再读？

1954 年，毛泽东曾经和历史学家吴晗说道："《资治通鉴》这部书写得好，尽管立场观点是封建统治阶级的，但叙事有法，历代兴衰治乱本末毕具，我们可以批判地读这部书，借以熟悉历史事件，从中吸取经验教训。"

"叙事有法"，除了指它"历代兴衰治乱本末毕具"外，更主要的是认为它突出了历代治乱之根本所在，即"治国就是治吏""上梁不正下梁歪"。毛泽东很欣赏司马光以周威烈王二十三年（前 403 年）为起始点开写，晚年同身边工作人员谈话时，专门作了分析。

他说，这一年，中国历史上发生了一件大事，或者说是司马光认为发生了一件大事。这年，周天子命韩、赵、魏三家为诸侯。这一承认不要紧，使原先不合法的三家分晋变成合法的了。司马光认为这是周室衰落的关键。"非三晋之坏礼，乃天子自坏之也。"选择这一年这件事为《资治通鉴》的首篇，真是开宗明义，与《资治通鉴》的书名完全切题。下面做得不合法，上面还承认，看来，这个周天子没有原则，没有是非，当然非乱不可。这叫上梁不正下梁歪。任何国家都是一样，你上面的敢胡来，下面凭什么老老实实？这叫事有必至，理有固然。

社会的治乱，问题常常是出在上面。但是，在封建社会不可能有一种机制保证上梁不歪，这才是其痼疾所在。在1975年同孟锦云的谈话中，毛泽东明确指出这点，说：中国的皇帝很有意思，有的皇帝很有作为，有的皇帝简直就是个糊涂虫，可那是没有办法的事。皇帝是世袭啊，只要老子是皇帝，儿子再糊涂也得当皇帝。这也怪不得他，生下来就是皇帝嘛。还有两三岁就当皇帝，当然要闹笑话，他那个皇帝好当得很，什么事都有人替他办。皇帝糊涂，当然大臣们就胡来，就拼命地搜刮老百姓。老百姓不服就要镇压，那方法残酷得很。《资治通鉴》上就有这样的记载。当时有一种刑罚，把人的肚子割开，拖着犯人的肠子走。暴政到了这种程度，老百姓忍无可忍了，就造反，镇压不下去，就完蛋。

封建社会历朝历代，兴衰治乱总是走不出死循环，原因似乎就在这里。

我很想学徐霞客

　　徐霞客是明朝人。他幼年好学，博览史籍、图经地志和游记、探险记等书籍，对地理山河很感兴趣，立志游历名山大川。万历三十五年（1607 年），徐霞客毅然背起行囊，开始了他毕生所从事的旅行事业。从二十二岁起到五十四岁病逝前半年，他几乎年年外出游历，足迹遍及明朝境内十六个省区。早年主要是登名山、游古迹，搜奇览胜，晚年有计划、系统地对自然奥秘进行考察和研究。他在旅行中将每日所得及时记录，可惜原稿大部分散佚了，后人将保留下来的原稿整理成《徐霞客游记》一书。这部书实际上是用日记体写的游记散文，篇幅巨大，内容丰富多彩，文字清新奇丽，被世人称为"千古奇书"。

　　毛泽东爱读地理著述，很称道这部书。

　　1958 年 1 月 28 日在最高国务会议上的讲话中，他评价说："明朝那个江苏人，写《徐霞客游记》的，那个人没有官气，他跑了那么多路，找出了金沙江是长江的发源。'岷山导江'，这是经书上讲的，他说这是错误的，他说是'金沙江导江'。同时，我看《水经注》作者也是一位了不起的人。他不到处跑怎么能写得那么好？这不仅是科学作品，也是文学作品。"

这段评价的关键，是指明徐霞客的游记和郦道元的《水经注》之所以写得好，并且能有新的发现，敢于否定书本上已有的"定论"，提出自己的科学论断，主要是因为这是他们亲身游历和实地考察的结果。

毛泽东不止一次推荐过《徐霞客游记》，还说过"我想学徐霞客"的话。

第一次是 1959 年 4 月 5 日在上海召开的中共八届七中全会上。他说：

> 如有可能，我就游历黄河、长江，从黄河口子沿河而上。搞一班人，地质学家、生物学家、文学家，只准骑马，不准坐车，骑马对身体实在好，一直往昆仑山，然后到猪八戒的那个通天河，翻过长江上游，然后沿江而下，从金沙江到崇明岛。我有这个志向……我很想学徐霞客。徐霞客是明末崇祯时江苏江阴人，他就是走路，一辈子就是这么走遍了，主要力量用在长江。《徐霞客游记》可以看。

毛泽东之所以在这次中央全会上正式提出骑马考察黄河、长江全流域，一个重要原因是，1958 年 12 月的中共八届六中全会同意了他提出的不再担任下一届国家主席的建议，第二届全国人民代表大会也将在 1959 年 4 月召开，他由此觉得自己马上就会摆脱繁忙的国务活动，会有比较充裕的时间去搞调查研究了。

此后，毛泽东又多次谈到这个愿望。1960 年 3 月 22 日，他乘专列路过济南，请山东省委和济南军区负责人舒同、杨得志等人上车谈工作，告诉他们：我就是想骑马沿着两条河走，一条黄河，一条长江。这个想法至今未能实现。你们如赞成，帮我准备一匹马。我可以调查点地质情况。

1961 年 3 月 23 日，毛泽东在广州召开的中央工作会议上又说：在下一次会议或者什么时候，我要做点典型调查，才能交账。从黄河的河口，沿河而上，到它的发源地，然后跨过山去，到扬子江的发源地，顺流而下。只准骑马走路，不准坐汽车、火车。

毛泽东是一个说了就要做的人。为了实现这个愿望，中央警卫局特意组建了一支护卫他考察的骑兵队，挑选了一批战士和马匹，开始训练。就此事看，中央大体是同意了毛泽东骑马考察黄河、长江计划的，或者在小范围内讨论过。1964 年夏天，在北戴河开会和办公期间，毛泽东让身边工作人员做些准备，说：去黄河的事可以如愿了，事情不那么忙了，再不搞，就来不及了。

但是，天有不测风云。同年 8 月，突然发生了北部湾事件，美国军队扩大印支战争，连续轰炸了越南北方，还调集大批舰艇，云集在越南北方沿海一带，大有进攻之势。8月6日早晨，毛泽东在审阅谴责美国侵犯越南民主共和国的《中华人民共和国政府声明》稿时，写下一个批示："要打仗了，我的行动得重新考虑。"

"我的行动"指的就是他骑马考察黄河、长江之事。据身边工作人员周福明回忆，毛泽东取消考察黄河、长江计划时，曾明确告诉他们："黄河这次去不成了，要打仗了。"

要结合地图来读书看报

    毛泽东从年轻时代起，就养成了联系地理方志来读史、联系地图来读书看报的习惯。

    1910年，毛泽东在长沙定王台省立图书馆自学了半年时间。在那里，他不但可以看到各种新书，还可以阅览北京、上海、长沙出版的各种报纸。图书馆的墙上悬挂着一幅很大的《世界坤舆大地图》，若看到中外新闻报道中提到的地名，他可以从地图上去找寻，知道这新闻发生在什么地方。

    后来在湖南省立第一师范学校读书期间，毛泽东曾给好朋友萧子升写信，详谈各种学科的学习方法，信里说："地理，采通识之最多者也。""历史及百科，莫不根此。"很明显，地理被他当作治学的重要参考。

    毛泽东青年时代最爱读的地理书，是清代顾祖禹撰写的《读史方舆纪要》。这部百万言的大书偏重于军事地理，

读书有法
毛泽东的读书故事

专论山川险隘、攻守形势，据历史事迹推断得失成败的原因。这部书对他后来的军事生涯大有好处。

新中国成立后，为了读二十四史时方便查看历史地名的方位，毛泽东还提出编辑一本《中国历史地图集》。据谭其骧回忆，1954年冬，有一天毛泽东和吴晗谈起《资治通鉴》标点本一事，讲到读历史不能没有一部历史地图书籍放在身边，以便随时查看历史地名的方位。吴晗想起清末民初杨守敬编绘的《历代舆地图》，一朝一册，凡是上了史书《地理志》的州县，一般都在地图上标明出来了。为此，吴晗向毛泽东建议，在标点《资治通鉴》的同时，也应把杨守敬编绘的《历代舆地图》予以改进，绘制出版。毛泽东赞许他的意见，改绘"杨图"的工作由复旦大学的谭其骧负责。

绘制《中国历史地图集》是一项长期艰巨的工程，该书在1982年才开始正式出版，全书共八册。这时，毛泽东已经逝世六年了。

1958年3月在成都召开中央工作会议期间，山西省委书记陶鲁笳向毛泽东汇报说："山西同北京商量，为了解决工农业缺水问题，我们有一个共同的雄心壮志。想从内蒙古的清水河县岔河口引黄河水二百个流量，一百个流量经桑干河流入官厅水库，一百个流量流入汾河，科技人员经过勘查，已提出了初步设想。"

毛泽东表示同意，然后说："我们不能只骂黄河百害，要改造它，利用它。其实黄河很有用，是一条天生的引水渠。"他还笑着幽默地说："你们的设想算什么雄心壮志！不过是继承古人的遗志而已。你们查查班固《汉书·沟洫志》，汉武帝时就有一个人建议从包头附近引黄河水经过北京，东注之海。"

把一方沿革、风物同地理紧密结合在一起的书种，叫方志。方志书可谓一方之"百科全书"，也属"采通识最多"者，能起到"资治、教化、存史"的作用。

毛泽东不管走到哪里，常常寻找当地的方志书来看。

1929 年红军打下兴国县城，毛泽东在兴国县图书馆一住下，就开始专心致志地读《兴国县志》。在瑞金时，毛泽东拿到清代续修的一部八卷集的《瑞金县志》，虽然残缺一卷，但他却如获至宝，挑灯夜读。

1959 年 6 月 30 日清晨，毛泽东上庐山主持召开中央工作会议，稍事休息后就要借《庐山志》读。工作人员借来了民国时期吴宗慈修的《庐山志》，毛泽东看了目录后又要求把吴宗慈编的《庐山志续志稿》也借来。毛泽东看完后对工作人员侃侃而谈："庐山的山名由来，众说不一。有人说是周文王时由匡俗兄弟在山中结庐而居，周文王去访，只见空空草庐一座。又有人说是周威烈王去访，人去庐存。这两者传说相隔数百年，后人以讹传讹，我们现在就不能这样办，对历史的态度要严肃，不能含糊嘛。"

他转身对周小舟等人说："这部续志很好，对现代历史有参考价值。蒋介石的庐山谈话都记录下来了，当时梁实秋有意迟到，名单最后是梁实秋。此人在会后两天迟迟登

读书有法
毛泽东的读书故事

山，他虽然是资产阶级学者，也有爱国的一面，在学术上有才华，对人要一分为二嘛！我欢迎他进步的一面。"

接着，毛泽东又讲了一个典故，说朱熹到南康军（今江西庐山）走马上任，当地属官们轿前迎接，他下轿开口就问《南康志》带来没有，搞得大家措手不及，面面相觑。这就是"下轿伊始问志书"的典故，至今广为流传。

从《智囊》看出要善于教人改过

　　冯梦龙是明朝人，屡试不第，以教书为生，在文学创作和编纂方面成果丰富。冯梦龙流传于世的作品有《喻世明言》《警世通言》《醒世恒言》，简称"三言"。他还编写了几部颇有价值的笔记小品，《智囊》是其中较有代表性的一部。该书收集明代以前的经史子传、野史丛谈、演义传说中有关智慧的故事一千多则，分门别类，写有评语。上自经国大略，下至市井小智，旁及妇女儿童的高见卓识，无不在他的搜罗选取之中。该书读来妙趣横生，且寓意丰富，发人深思。

　　毛泽东很喜欢这本书，在上面的批注比其他文学作品都多。据章士钊的女儿章含之回忆，1963年1月初，章士钊托她带一本线装《智囊》给毛泽东。

　　《智囊》里"朱博"一条，叙述了汉代武官出身的朱博做冀州刺史时的两件事。一件是说，朱博在巡视部属时，数百个官吏和老百姓聚众拦道，说要告状。负责接待的从事将情况告诉朱博，请他滞留该县处理。朱博心中明白，这个从事是要试探自己的本事，便让从事明文告知：想告县级官吏的人，各自到自己郡里去告，刺史不直接监察这一级官吏；想告郡守、邑宰一级官吏的人，等刺史巡视回到治所再来告；其他如打官司、举报盗贼的事情，则到各个管辖部门找从事处理。这些安排，使四五百人顷刻散去，他们都没有想到朱博应变能力这样强。后来朱博慢慢打听，果然是这个从事教唆百姓聚众拦道，于是"杀此吏"。

再一件事是说，长陵大姓中有个叫尚方禁的，年轻时盗人妻被砍伤面颊。官府的功曹受了贿赂，没革除尚方禁，反调他做守尉。朱博听到此事，找借口召见尚方禁，避开左右，故意问他脸上的伤疤怎样来的，尚方禁自知朱博已知实情，连忙叩头据实禀报。朱博笑着说："我想为你洗耻辱，你能自己效力吗？"尚方禁惊喜道："万死不辞。"朱博让他有机会便记录别人的言论，将他视为亲信耳目。这样，尚方禁经常破获盗贼偷盗等犯罪活动，很见成效，后升至县令。很久以后，朱博又召见那个功曹，一一列举尚方禁等人的事，痛加斥责，令他将自己受贿的事情全部写下来。功曹惶恐万状，详记所有为奸、为贪、为贼之事。朱博也要他改过自新，然后拔刀将他所写罪状裁成纸屑。这功曹后来战战兢兢，尽心尽意，办事没有差错，朱博也就重用他了。

这两件事，都属于怎样对待犯了错误的部下的问题。

毛泽东不同意朱博杀掉那个有意为难他的从事，认为把他"调改他职"就可以了；对朱博起用尚方禁和那名功曹，则表示肯定，认为这是"使人改过"的成效。这两个批语，表明毛泽东很重视"教人改过"的处理方法。

《智囊》里"朱博"一条后面，有一条"韩裒"。说的是北朝周文帝时，北雍州刺史韩裒为平息境内盗贼，通过暗访，掌握了一份盗贼名单，然后张榜告示："凡是盗贼，速速来自首，如果这个月不来自首，就要杀了，把他的妻子给自首的人。"结果，不到一个月，盗贼都出来自首了，韩裒拿出那份名单一一核对，发现没有差错，就赦免了他们的罪行，允许他们改过自新，于是这个地方就再也没有盗贼了。毛泽东读至此，又批道："使人改过。"

人非圣贤，孰能无过，过而能改，善莫大焉。在毛泽东看来，人之所贵在于"能改过"，更在于能"使人改过""教人改过"。

毛泽东曾说："对于革命来说，总是多一点人好。犯错误的人，除了极少数坚持错误、屡教不改的以外，大多数是可以改正的。正如得过伤寒病的可以免疫一样，犯过错误的人，只要善于从错误中取得教训，也可以少犯错误。"也正因为如此，毛泽东常说一句话："人在一定条件下是可以改造的。"

《东周列国志》有不少
国内和国际斗争的故事

从明代嘉靖、隆庆年间开始，就有人把春秋战国的历史，写成小说。清代乾隆年间的蔡元放，修改润色前人的这类作品，并加以评注，定名推出一部《东周列国志》，流传至今。

《东周列国志》是除《三国演义》外，流传最广的历史演义。全书起于西周末期周宣王三十九年（前789年），止于秦始皇二十六年（前221年）统一六国，反映了春秋战国时各诸侯国的盛衰兴亡、相互之间错综复杂的斗争。这本书，把一些人物如齐桓公、管仲、重耳、伍子胥等刻画得比较生动，故事性较强，有不少故事如"卫懿公好鹤亡国""伍子胥微服过昭关"等叙述得有声有色。

毛泽东不止一次读过《东周列国志》。1959年12月至1960年2月期间，他本来在外地专心读苏联的《政治经济学（教科书）》，可能在闲暇时顺便读了《东周列国志》，于是在读《政治经济学（教科书）》的谈话中，冷不丁谈起这本书，说："《东周列国志》值得读一下。这本书写了很多国内斗争和国外斗争的故事，讲了很多颠覆敌对国家的故事，这是当时社会的剧烈变化在上层建筑方面的反映。这本书写了当时上层建筑方面的复杂尖锐的斗争，缺点是没有写当时的经济基础，当时的社会经济的剧烈变化。"

1960 年，有人送给毛泽东一套根据《东周列国志》改编的连环画。之前，他是不读小人书的，这次读了，并因此让他又读了一遍《东周列国志》。

1961 年 3 月在广州召开的中央工作会议上的讲话中，毛泽东又提起这个话头，他说《东周列国志》基本上是准确的，按照《左传》编写的。写这本书的是民间一个作家。有一本小人书，写城濮之战，可以一看，他对照了《左传》，完全正确。他又说，《东周列国志》那上边的颠覆活动可多啦。

毛泽东读《东周列国志》，有四个特点。

一是对照《左传》的有关记载来读，认为《东周列国志》基本上"准确地"反映了《左传》写的史实。

二是欣赏《东周列国志》对各国内部政治斗争和各国之间的政治、军事以及外交诸方面斗争的描写，这恰恰也是这部小说的历史认识价值所在。

比如，郑国是一个不大的国家，但却是春秋初年首先在中原地区称霸的诸侯国，这与郑庄公的斗争策略有关。拿他处理国内矛盾的方法来说，他的母亲不喜欢他而喜欢他的弟弟段。郑庄公登位后不久，根据他母亲的要求，将段分封到京，称为京城太叔。大臣祭仲觉得太叔段占据京这个很大的都城，将来势力一大，会威胁到国君的安全，因而进行了劝阻。郑庄公却假意说，这是母亲姜氏的意见，自己不敢反对。祭仲劝他不要让姜氏和段的势力发展起来，郑庄公也装作不在意的样子。太叔段到了京以后，首先使郑国西边和北边的城邑在接受郑庄公的统治时，也同时接受他的统治。他看到郑庄公没有什么反应，于是便进一步把郑国西边和北边的城邑变成自己的私邑，力量很快就壮大了。公子吕把这件事告诉了郑庄公，劝他快采取行动。郑庄公又坦然地说："他们这样做是自取灭亡！"太叔段看到郑庄公对他不闻不问，就积聚粮草，准备武器，训练军队，并暗通姜氏做内应，计划偷袭郑国的都城。其实郑庄公早就有了准备，听到这个消息，就对大臣们说："是时候了！"他命令公子吕统率兵车两百乘讨伐京城，京城的人民也起来反对太叔段。太叔段逃到鄢，郑庄公亲自带兵伐鄢。太叔段又逃到共，他的势力被彻底击溃。郑庄公巩固了自己的统治地位。

这便是历史上有名的"郑伯克段于鄢"的故事。毛泽东读完此故事后的评价是："春秋时候有个郑庄公，此人很厉害。他对国内斗争和国际斗争都很懂得策略。"

三是认为《东周列国志》主要反映了当时的上层建筑方面的斗争，缺点是没有写社会经济的剧烈变化，其中包含一个明确的批评思路：上层建筑的尖锐斗争是由经济剧烈变化引起的。

　　四是评论这部历史演义时，用"颠覆敌对国家"来说明各诸侯国间的斗争方式，还说研究"颠覆"问题，是他再次阅读这部书的动因。这与当时中国面临日益复杂的国际斗争背景有关。

爱读诗词文赋

《诗经》是老百姓的"发愤"之作

　　《诗经》是中国第一部诗歌总集，收集了西周初年到春秋中叶约五百年间的诗歌，一共三百零五篇。先秦时称为《诗》或《诗三百》，到汉代被朝廷正式奉为经典，始称《诗经》，由孔子编定。此前人们赋诗，常常伴以音乐和舞蹈，也就是说既可以唱出来，还能用舞蹈表现出来。经过春秋战国的大变动，演奏《诗经》的乐谱和舞姿失传了，只剩下歌词。

　　《诗经》是毛泽东少年时代就开始学习的启蒙读物。在韶山毛泽东纪念馆，还保存有他当年读过的《诗经》，上面有他的签名。后来到长沙就学，他对《诗经》也是下过功夫阅读的。1913 年在湖南省立第四师范学校读书时，毛泽东在笔记《讲堂录》里写下这样的句子："农事不理则不知稼穑之艰难，休其蚕织则不知衣服之所自。"这句话的意思是，不重视农业，就不知道农民种地有多么艰难；不重视养蚕织布，就不知道人们穿的衣服是从哪里来的。毛泽东接着又说，《诗经》中的《豳风》诸篇，是"陈王业之本"（说的是统治大业的根本），比如，其中的《七月》，"只曲详衣食二字"。

毛泽东经常借用《诗经》中的词句，作为自己的语言素材。

比如，在湖南省立第一师范学校读书的时候，他要公开征邀志同道合的朋友，就写了个启事到处张贴，里面就引用《诗经·小雅·伐木》中的话，"嘤其鸣矣，求其友声"。

从湖南省立第一师范学校毕业后，毛泽东到处奔走，参加社会活动，感慨自己没有能够尽力奉养父母，就在一封信中说，自己有"'欲报之德，昊天罔极'之痛"。这里引的是《诗经·小雅·蓼莪》里的句子。

1956年夏天，去北戴河开会时，毛泽东听说在专列上当服务员的姚淑贤来不及同自己的男朋友道别便赶来了，就用铅笔在一张十六开的白纸上写了《诗经·邶风·静女》中的四句诗送给她，毛泽东写的是："静女其姝，俟我于城隅。爱而不见，搔首踟蹰。"他又对姚淑贤说："你把我写的这个东西拿回去交给他，再把失约的原因讲给他听。"这个手迹，现在还珍藏在姚淑贤那里。

毛泽东对《诗经》特别是其中的《国风》部分，评价是很高的。1964年8月18日，他在北戴河同哲学工作者的谈话中，作了专门评述：

司马迁对《诗经》品评很高，说《诗》三百篇皆古圣贤发愤之所为作也。《诗经》大部分是风诗，是老百姓的民歌。老百姓也是圣贤。"发愤之所为作"，心里没有气，他写诗？"不稼不穑，胡取禾三百廛兮？不狩不猎，胡瞻尔庭有悬貆兮？彼君子兮，不素餐兮！""尸位素餐"，就是从这里来的。这是怨天，反对统治者的诗。孔夫子也相当民主，男女恋爱的诗他也收。朱熹注为淫奔之诗。其实有的是，有的不是，是借男女写君臣。

关于《诗经》的价值，几千年来有不少争论。毛泽东不同意孔子说的，《诗经》的作品"思无邪"，"怨而不怒"这个观点，比较赞成司马迁说的，《诗经》作者通常是"意有所郁结，不得通其道"，才作诗明志，抒愤言情，故"《诗》三百篇，大抵贤圣发愤之所为作也"。毛泽东还把司马迁的"发愤"说，理解为"心里没气，他写诗？"，还说有的"气"，是"反对统治者的"。为此，他很看重《诗经》里反映社会上不平等现象的作品，认为《国风》里的作品，是老百姓写的民歌。

《诗经》中有不少男女欢爱之作。宋代的朱熹根据其"存天理、灭人欲"的理学立场，说这些写爱情的诗歌，是"淫奔"之作，评价不高。毛泽东则认为，不能这么笼统评价，还说有的爱情诗，是"借男女写君臣"。这类作品究竟有没有这方面的特殊指意，在批评史上的看法并不一致。

关于历代注家对《诗经》的解释，毛泽东在 1973 年 7 月 17 日会见美籍华人物理学家杨振宁时曾说过这样的话：《诗经》，是两千多年以前的诗歌，后来作注释，时代已经变了，意义已不一样。这或许就是"诗无达诂"的意思吧！

屈原如果继续做官，写不出《离骚》

《楚辞》是从战国屈原到西汉刘向，运用楚地文学形式、方言声韵和风土物产创作的辞赋作品总集。全书以屈原作品为主，其余作者写的大体都沿袭了屈原《离骚》的风格，后世因此称这种文体为"骚体"。

湖南是楚国旧地。毛泽东从青年时代起就喜欢读《楚辞》。毛泽东1913年在湖南省立第四师范学校读书时的笔记，现在保存下来的很少，只有四十七页，九十四面。笔记前十一页是手抄的《离骚》和《九歌》，后三十六页冠名《讲堂录》。在《离骚》正文的上面，毛泽东还写有自己对各节内容的概括。

新中国成立后，毛泽东阅读和谈论《楚辞》的记载，就更多了。

1957年12月，毛泽东让身边工作的几位同志把各种版本的《楚辞》以及有关《楚辞》和屈原的著作尽量收集给他。逄先知专门请何其芳列了一个目录，经过两个多月的努力，把古今有价值的各种《楚辞》版本和有关著作收集了五十余种。

1958 年 1 月 18 日，中央工作会议正在南宁召开，空军雷达部队发现国民党飞机向南宁飞来，全城实行灯火管制。卫士让毛泽东进防空洞，毛泽东坚持不去，随即让卫士把蜡烛点燃，继续聚精会神地看书。这天晚上，他看的正是《楚辞》。会议期间，毛泽东在给江青的一封信中写道："我今晚又读了一遍《离骚》，有所领会，心中喜悦。"

1959 年夏的庐山会议期间，毛泽东让秘书林克抓紧时间编一份含几十种评价和研究《楚辞》的书刊目录，经他审定后，印发给了参加会议的人。在这次会议上，毛泽东还写了一篇 1200 字左右的文章，题目叫《关于枚乘〈七发〉》，逐段阐发枚乘这篇骚体作品的内容，同时对骚体作品作了一段评价："骚体是有民主色彩的，属于浪漫主义流派，对腐败的统治者投以批判的匕首。屈原高据上游。宋玉、景差、贾谊、枚乘略逊一筹，然亦甚有可喜之处。"看来，在毛泽东心目中，后来一些模仿骚体的作品，在成就上远不及屈原。

屈原的崇高人格和爱国主义情操，更是毛泽东所深深敬佩的。1954 年 10 月 26 日，在会见访华即将回国的印度总理尼赫鲁时，毛泽东引用屈原《九歌·少司命》中"悲莫悲兮生别离，乐莫乐兮新相知"的诗句来表达自己的心情，接着又向客人介绍说，屈原是中国一个伟大的诗人，

读书有法
毛泽东的读书故事

他在两千多年前写了许多爱国的诗，政府对他不满，把他放逐了。最后屈原没有出路就投河而死。几千年来，中国人民就把他死的这天作为节日，就是农历五月初五的端午节。人们在这天吃粽子，并把它投到河里喂鱼，让鱼吃饱了不去伤害屈原。

从文学创作角度看，屈原那浪漫主义的艺术想象和创作方法，他的作品所展示的龙凤图腾、美人香草、百亩芝兰、芰荷芙蓉、望舒飞廉、巫咸夕降、湘君山鬼、流沙毒水等既鲜明又扑朔迷离的缤纷世界，吻合毛泽东的审美趣旨和对艺术风格的追求。

《离骚》是屈原的代表作，也是中国古代最早最长的抒情诗。毛泽东对《离骚》评价很高。屈原为什么能够写出《离骚》，他说："屈原如果继续做官，他的文章就没有了。正是因为开除了'官籍''下放劳动'，才有可能接近社会生活，才有可能产生像《离骚》这样好的文学作品。"

1961年秋天，毛泽东还专门写过一首题为《屈原》的七绝："屈子当年赋楚骚，手中握有杀人刀。艾萧太盛椒兰少，一跃冲向万里涛。"

1972年，日本首相田中角荣初次访华。会见临近结束时，毛泽东说："我是中了书毒了，离不了书。你看（指着周围书架和书桌上的书），这是《楚辞集注》。没有什么礼物，把这个（六册《楚辞集注》）送给你。"走出毛泽东的书房，随同田中角荣访华的二阶堂问周恩来，是否可以对记者说毛泽东送《楚辞集注》给田中首相的事情。周恩来回答可以，并告诉他书名标题是中国近代书法家沈尹墨写的字。

田中角荣当时对自己的秘书说："毛泽东是一位圣人，是一位诗人、哲学家和导师。"回国后，他把这部《楚辞集注》拿到读卖新闻社复制。1973 年 9 月 16 日，读卖新闻社社长台光雄通过我国外交部，送给毛泽东一部《楚辞集注》的复制本。

曹操的诗体现英雄本色

曹操是东汉末年到三国时期杰出的政治家、军事家、文学家。在古代帝王中，文武双全的人也有一些，但像曹操这样在政治、军事、文学等方面都算得上一流的，是罕见的。毛泽东在审视历史人物的时候，说秦皇汉武、唐宗宋祖、成吉思汗这些人，或"略输文采"，或"稍逊风骚"，或"只识弯弓射大雕"。偏偏没有提曹操，看来毛泽东并没有把曹操简单地看成是马上天子。

1927年鲁迅在《魏晋风度及文章与药及酒之关系》一文中说："其实，曹操是一个很有本事的人，至少是一个英雄，我虽不是曹操一党，但无论如何，总是非常佩服他。"毛泽东在20世纪50年代读到鲁迅的上述评论时，用粗重的红铅笔画了着重线，表示对鲁迅关于曹操的看法是赞同的。

毛泽东曾对人说："曹操的文章诗词，极为本色，直抒胸臆，豁达通脱，应当学习。""我还是喜欢曹操的诗。气魄雄伟，慷慨悲凉，是真男子，大手笔。"毛泽东很爱读曹操的诗。在毛泽东故居藏书里四种版本的《古诗源》和一本《魏武帝魏文帝诗注》中，曹操的《短歌行》《观沧海》《土不同》《龟虽寿》《薤露》《蒿里行》《苦寒行》《却东西门行》等诗，他都多次圈画过，大多数诗的标题前画着圈，诗中密密圈画。

曹操的《短歌行》是很有名的："对酒当歌，人生几何？譬如朝露，去日苦多。慨当以慷，忧思难忘。何以解忧？惟有杜康。……月明星稀，乌鹊南飞。绕树三匝，何枝可依？山不厌高，海不厌深。周公吐哺，天下归心。"在这些诗句旁，毛泽东都加了密圈。这首诗既有对时光流逝、功业未成的深沉感慨，又有收揽人才以完成统一事业的宏伟抱负，在忧郁之中激荡着一股慷慨激昂的情绪，尽显本色，非常通脱。毛泽东在该诗的标题前，用红、蓝两种笔色作了圈记。

曹操率军路过今天的河北省秦皇岛市附近的碣石山，写下《观沧海》。全诗为："东临碣石，以观沧海。水何澹澹，山岛竦峙。树木丛生，百草丰茂。秋风萧瑟，洪波涌起。日月之行，若出其中；星汉灿烂，若出其里。幸甚至哉，歌以咏志。"全诗通过描写辽阔雄壮的沧海景色，体现了诗人开阔的胸襟气概和艰苦征战获得胜利的豪迈喜悦，被古代诗评家誉为"有吞吐宇宙气象"。毛泽东在好几部诗集里都圈画过这首诗，还用他那龙飞凤舞的草体手书了全诗，把这首诗作为练习书法的内容。

1954 年夏天，毛泽东来到北戴河。据他的保健医生徐涛回忆，有些天，毛泽东在海岸沙滩漫步，嘴里总是念念有词地背诵《观沧海》；在夜里工作疲劳后，稍作休息，出门观海，有时也低声吟诵这首诗。他还找来地图查证，说"曹操是来过这里的"，曹操"建安十二年五月出兵征乌桓，九月班师经过碣石山写出《观沧海》"。

于是，1954 年 7 月 23 日这天，毛泽东给女儿李敏、李讷写信，专门谈曹操的《观沧海》："北戴河、秦皇岛、山海关一带是曹孟德（操）到过的地方。他不仅是政治家，也是诗人。他的碣石诗是有名的，妈妈那里有古诗选本，可请妈妈教你们读。"

也是在这个时候，毛泽东酝酿创作了他的名篇《浪淘沙·北戴河》，里面说："往事越千年，魏武挥鞭，东临碣石有遗篇。萧瑟秋风今又是，换了人间。"这首词触景生情，壮歌抒怀，缅怀千古雄杰，追步雄豪诗风而又超越之。其中，"萧瑟秋风"一句是由曹操《观沧海》中"秋风萧瑟"点化而来。

从两篇赋读出晚年心境

　　毛泽东从青年时代起便熟读《昭明文选》，对该书所收"建安七子"之一王粲的《登楼赋》，是很熟悉的。

　　写这篇赋的时候，王粲正避难荆州，久无建树而内心愁闷。他本想登楼望景以解愁闷，结果反使愁闷更浓，接着抒发其愁的内容："情眷眷而怀归兮，孰忧思之可任？"（心中思念故乡希望回去，谁能忍受这种思乡之苦呢？）"悲旧乡之壅隔兮，涕横坠而弗禁。"（悲叹故乡被阻隔，眼泪止不住往下流。）"人情同于怀土兮，岂穷达而异心！"（人思念故乡的感情是相同的，哪里会因为穷困还是显达而不同呢！）"惟日月之逾迈兮，俟河清其未极。冀王道之一平兮，假高衢而骋力。"（念及时光流逝，等待天下太平要到什么时候呀？希望天下一统，王道施行，我能一展自己的才华。）看来，他的愁闷在于：长年流离，思念故乡；国乱未息，雄才不展；归乡无路，报国无门，而时光却在流逝。

毛泽东晚年因视力不好，调北京大学中文系讲师芦荻到他身边为他读书。1975年夏天，毛泽东让芦荻连续给他读了两遍王粲的《登楼赋》，中间流了泪，接着说：

　　这篇赋好，作者抒发了他拥护统一和愿为统一事业作贡献的思想，但也含有故土之思。人对自己的童年，自己的故乡，过去的朋侣，感情总是很深的，很难忘记的。到老年就更容易回忆、怀念这些。

　　不难看出，这篇赋事实上唤起了毛泽东心中的情感共鸣。这与他迟暮之年重病缠身的心境有关。王粲写《登楼赋》的时候，才三十岁左右，谈不上是"老年"，但毛泽东说"到老年就更容易回忆、怀念"自己的童年、故乡、朋侣，显然是借文纵情、由人及己的评论了。

　　说完《登楼赋》后，毛泽东紧接着还说了这样一段话："我写《七律·到韶山》的时候，就深切地想起了三十二年前的许多往事，对故乡是十分怀念的。《七律·答友人》，'斑竹一枝千滴泪，红霞万朵百重衣'，就是怀念杨开慧的，杨开慧就是霞姑嘛！可是现在有的解释却不是这样，不符合我的意思。"

　　当然，毛泽东喜欢这篇赋，主要还是因为王粲渴望强国治世的积极精神。毛泽东还说，儒家讲"达则兼济天下，穷则独善其身"，王粲就不守这个信条，正因为天下乱了，他又处在"穷"境，才更要出来济世，这就高多了。知识分子一遇麻烦，就爱标榜退隐。其实，历史上有许多所谓的隐士，原是假的，是沽名钓誉。即使真隐了，也不值得提倡。

除了《登楼赋》，毛泽东对《昭明文选》中庾信的《枯树赋》也深有感触。

庾信是南北朝时期著名的文学家。他十五岁时即为梁昭明太子萧统侍读，是宫廷中倍受宠信的词臣。西魏破了南方的梁朝，他被迫离开故土，先后在北方的西魏和北周当官。他晚年写《枯树赋》，感慨自己的悲情苦愁。

对于《枯树赋》，毛泽东评价说，庾信是南北朝作家中妙笔生花的一位，他眼界宽广、思路开阔，其《枯树赋》用形象、夸张的语言，描写出各种树木原有的勃勃生机、繁茂雄奇的姿态，以及树木受到的种种摧残和因为摧残而摇落变衰的惨状，这是很成功的写法。"顾庭槐而叹曰：此树婆娑，生意尽矣！""昔年种柳，依依汉南。今看摇落，凄怆江潭。树犹如此，人何以堪！"这两段话不仅是全赋的"纲"，是画龙点睛之笔，而且起结呼应，使赋文有一气呵成之势，突出了立意，又余韵不尽。

据芦荻回忆，1975 年，从她与毛泽东的第一次谈话（5 月 29 日夜）到 8 月中旬，仅两个多月，毛泽东就三次诵读和谈论过这篇赋，对赋的内容和每一条注文，都作过精审的分析、细致的研究。在听读过程中，毛泽东先是静静地听，脸上的表情随内容不时变化，接着，他情不自禁地背诵苦吟起来。吟到最后一句"树犹如此，人何以堪！"，毛泽东竟哭起来。

庾信的《枯树赋》抒发的是英雄暮年的心境，反映的是一种在自然规律面前无可奈何的心态。重病之中的毛泽东，头脑仍极敏锐清晰，深知来日不多，所以常坦然地说到死的问题，认为这是自然的、不足畏惧的事。他爱读《枯树赋》，更主要的原因，是和赋中传达的"木叶落，长年悲"的暮年悲愁产生了共鸣。这和他读《登楼赋》的心情是一样的。

谢灵运：从山水诗人到造反诗人

　　1949 年 5 月 5 日，刚进北平的毛泽东把柳亚子接到双清别墅叙谈。两位现代诗坛的巨匠兴致勃勃地谈到古今不少诗人的诗作，分别时，毛泽东应柳亚子之请，在他的《羿楼纪念册》上写了一个题记："'池塘生春草'，'空梁落燕泥'，'竹外桃花三两枝，春江水暖鸭先知'。一九四九年五月五日柳先生惠临敝舍，曾相与论及上述诸语，因书以为纪念。"

　　看得出，这是一次轻松的聊天。毛泽东在筹备开国大典的繁忙间隙，同人漫论山水闲情诗句，也算一桩雅事。

　　毛泽东和柳亚子"相与论及"的"池塘生春草"，是谢灵运《登池上楼》一诗中的名句。至于这句诗写得究竟是如何好，前人大体说在雕琢繁绮的六朝诗歌中，此句无所用意，却自然天成，刻画出春天到来的神韵，等等。作为诗家，毛泽东在欣赏谢灵运诗歌的同时，也有

读书有法
毛泽东的读书故事

自己的评价。作为政治家，毛泽东读谢诗，又会有怎样的体会和发现呢？

毛泽东从谢诗中看到作者进退失据的痛苦和矛盾。在一本《古诗源》所录谢灵运的山水诗代表作《登池上楼》旁边，毛泽东写下这样一段批语：

> 通篇矛盾。"进德智所拙，退耕力不任"，见矛盾所在。此人一生矛盾着。想做大官而不能，"进德智所拙"也。做林下封君，又不愿意。一辈子生活在这个矛盾之中。晚节造反，矛盾达于极点。"韩亡子房奋，秦帝鲁连耻。本自江海人，忠义感君子。"是造反的檄文。

谢灵运从写山水到写"造反的檄文"，看似反差很大，其实也自有来历。毛泽东洞悉谢灵运的底细，对其家庭及其生平事迹了然于胸，才有如此分析。

谢灵运出身于钟鸣鼎食的显赫世家，东晋的大功臣谢安是其曾祖辈，淝水之战的前线总指挥谢玄是其祖父，谢灵运则自幼袭封康乐公。这样的出身和地位，一生不忘朝廷，总想再起腾达，是很自然的。

谢灵运家族是支撑东晋王朝的"族阀"。刘宋王朝建立后自然对谢氏家族有所警惕，谢灵运也就被贬出朝廷，去做了永嘉太守。本来喜欢侈谈庄老玄言，忘情自然山水的谢灵运，索性更肆意地投入其中。这样一来，倒真的成就了他，单凭其《登池上楼》中的一句"池塘生春草"，就可以千古留名了。更何况他还有其他不错的大量山水诗作，诸如"昔余游京华，未尝废丘壑"之类。看起来，他是真的不想过问政事了。

但时间长了，谢灵运还是和朝廷发生了矛盾。因为他总觉得"自以名辈应参时政"。皇帝曾经把他请回京城，但没有给他参政的实权，不得志的谢灵运就有些绷不住了，经常"称疾不朝"。结果皇帝又把他罢免出朝，去当临川内史。有人在宋文帝面前告他"谋反"。这一着，真是把谢灵运逼到了墙角，不愿再"恬淡"下去了。史书说他"遂有逆志"。

第一次外放，做"林下封君"，他虽然不愿意，最多只是说说要进取有为，但无德智可施，想退耕山林，又无力可用，这类模棱两可、遮遮掩掩的话。

第二次外放，他竟写出"韩亡子房奋，秦帝鲁连耻。本自江海人，忠义感君子"这样的句子，其格调离忘情山水已是十万八千里。诗人的内心不再徘徊，直接称颂起秦灭六国后心有不甘的韩国贵族张良（子房），在博浪沙用重金雇一大力士，甩出一个 30 来公斤的铁椎狙击秦始皇的事情。诗人还称道战国末期的高士鲁仲连，因为他在秦国攻打赵国的时候，反对秦国自称帝，力劝魏国和赵国联合起来，共同抵抗秦国入侵，理由是为人处世应有气节。

联系谢灵运由晋入宋的经历，他称颂张良、鲁仲连，显然是在无所顾忌地吐露其压抑已久的心底真声。不久，谢灵运果然起事，结局是兵败被杀。

被称为"造反的檄文"那几句诗，给毛泽东留下了深刻的印象。1958 年 10 月，他以国防部部长彭德怀的名义起草了一篇《再告台湾同胞书》，在结尾处，充满感情地写道："台湾的朋友们，不可以尊美国为帝。请你们读一读鲁仲连传好吧。……六朝人（指谢灵运）有言：'韩亡子房奋，秦帝鲁连耻。本自江海人，忠义感君子。'现在是向帝国主义造反的时候了。"在毛泽东的心目中，谢灵运的形象已经由山水诗人变成了造反诗人。

好文宜读

　　《昭明文选》是我国现存编选最早的诗文总集,它选录了从先秦至南朝梁代八九百年间一百多个作者七百余篇各种体裁的文学作品。因是梁代昭明太子萧统主持编选的,故称《昭明文选》。它对唐以后的文学产生了深远的影响。唐宋之世的学者,几乎人手一编,甚至流传有"《文选》烂,秀才半"的谚语。

　　毛泽东在青年时代读书时,除《韩昌黎诗文全集》外,在古代诗文集中,读得最熟的便是《昭明文选》了。《昭明文选》中的许多篇章,他都可以背诵。

　　据罗章龙在他的回忆录《椿园载记》中说,1917 年,毛泽东游览南岳衡山,登上了祝融峰。在下山归途中,毛泽东曾给罗章龙写了封信,主要记述景观名胜的见闻。信中第一句话就是:"诚大山也!"接着对南岳衡山的风光描绘了一番,文风与木玄虚的《海赋》格调相仿。《海赋》

便收在《昭明文选》。

毛泽东曾在各种场合多次引用《昭明文选》上的一些文章和赋体散文。

1939年7月9日，在延安陕北公学作题为《三个法宝》的讲演中，毛泽东颇为赞赏地谈道：南朝梁代的文学家江淹作了很多好文章，有篇叫《别赋》，里面有很好的话，但尽是伤感流泪的话。最为人们所熟记的有"春草碧色，春水渌波，送君南浦，伤如之何"，多么伤心流泪，文笔很好。我们今天不需要这样写，改一下，作为"春草碧色，春水渌波，送君延安，快如之何"。

毛泽东评改的四句，乃赋中名句，以美好的春色衬托别离的愁绪。毛泽东把"送君南浦，伤如之何"，改为"送君延安，快如之何"，去掉了古代文人低沉的离愁别绪，转为快乐地送别同志们从后方到前方去工作。《别赋》开头两句，"黯然销魂者，唯别而已矣"，也是很有名的，毛泽东在其他场合也引用过。

1949年8月18日，毛泽东在《别了，司徒雷登》一文中，引用《陈情表》中"茕茕孑立，形影相吊"这句话，形象地写出美国驻华大使司徒雷登的尴尬处境，说："没有人去理他，……没有什么事做了，只好夹起皮包走路。"

1960年5月2日，毛泽东在山东视察工作时，与舒同讨论先秦齐国的历史和曹植封东阿王、陈王的事情，为了印证他的观点，便随口背起谢庄的《月赋》："陈王初丧应、刘，端忧多暇。绿苔生阁，芳尘凝榭。悄焉疚怀，不怡中夜。乃清兰路，肃桂苑。腾吹寒山，弸盖秋阪。"接着，毛泽东评价说，自古以来赋月亮的，就是谢庄的这一篇最著名。1975年夏，毛泽东找邓小平谈了一次话，对他的工作给予了肯定，明确表示：没有多大问题，你要把工作干起来。邓小平回答说，反对的人总是有的。毛泽东随即引用李康《运命论》中的话说："木秀于林，风必摧之。"这个借喻是很恰当的。1975年6月7日接见外宾时，毛泽东说道："过去美国人骂我比希特勒还希特勒，蒋介石骂我们是共产主义的土匪，林彪骂我是秦始皇。"接着，他又引用《运命论》的话解释道："'木秀于林，风必摧之。堆出于岸，流必湍之。行高于人，众必非之。'就是说人必骂之，人不被别人骂不好。"这个解释，很反映毛泽东的个性。外宾对《运命论》中的这几句话很感兴趣，毛泽东又随手用铅笔把这句话写了出来。

毛泽东批注过的《昭明文选》版本，留下来的有三种。在一部李善注本的封面上，他写了"好文宜读"四个大字。毛泽东对其中的诗、赋部分，做了很多圈画。在毛泽东生前，卧室里有用大字排印的江淹的《恨赋》《别赋》，谢庄的《月赋》，谢惠连的《雪赋》，以及庾信的《枯树赋》，这些书的封面上都有红铅笔画的大圈。这是他晚年嘱咐印制的，病重时经常读，有时还背诵。

都是英俊天才，惜乎死得太早

　　毛泽东一生，对历史上英年早逝的文化人，总是情有独钟，心念不已。

　　早在青年时代，他就发出过这样的感慨。在 1916 年的一封信中，他说，孔子最中意的弟子颜回"早夭"，让人可惜；贾谊本有"王佐之才"，死的时候才三十三岁；王勃、卢照邻这些有名的诗人，"或早死，或坐废"。他们都是"有甚高之德与智"的人啊。

　　20 世纪 50 年代，毛泽东在中央会议上，常常讲一些"少年有为"的人物故事。比如，1958 年 5 月 8 日，在中共八大二次会议上的讲话中，毛泽东一口气讲了三十个例子。其中包括：甘罗、贾谊、刘项、韩信、释迦、颜子、红娘、荀灌娘、白袍小将、岳飞、王勃、李贺、李世民、罗士信、杜伏威、马克思、列宁、周瑜、孔明、孙策、王弼、安眠药发明者、青霉素发明者、达尔文、杨振宁、李政道、郝建秀、聂耳、哪吒、兰陵王。

在这份名单中，涵盖了古今中外在思想文化、政治军事、自然科学等方面年轻时便有建树的人物，甚至连文学虚构的人物形象也讲到了。毛泽东说他之所以讲这些人物，是要说明："世界是青年的，长江后浪催前浪，譬如积薪，后来居上。"

在中国古代文学家当中，毛泽东最为痛惜的，是贾谊和王勃。毛泽东说他们是"英俊天才，惜乎死得太早了"。

1958年5月8日，在中共八大二次会议上，毛泽东是这样说贾谊的：汉朝有个贾谊，十几岁就被汉文帝找去了，一天升了三次官。后来他被贬到长沙，写了两篇赋——《吊屈原赋》和《鹏鸟赋》。后来他又回到朝廷，写了一本书，叫《治安策》。他是秦汉历史专家。他写了十篇作品，留下来的是两篇文学作品（两篇赋）、两篇政治作品——《治安策》和《过秦论》。他死在长沙的时候才三十三岁。

毛泽东很看重贾谊写的《治安策》，认为是"西汉一代最好的政论，贾谊于南放归来著此，除论太子一节近于迂腐以外，全文切中当时事理，有一种颇好的气氛，值得一看"。为此，1958年4月，他把这篇文章专门推荐给陈伯达、胡乔木、田家英阅读，并写了上面这段话。

越是读贾谊的文章，毛泽东越觉得他了不起，于是发而为诗，以贾谊为题，连写了两首诗。一首说贾谊，"少年倜傥廊庙才，壮志未酬事堪哀"。一首说"贾生才调世无伦，哭泣情怀吊屈文。梁王堕马寻常事，何用哀伤付一生"。

读书有法
毛泽东的读书故事

20 世纪 50 年代末 60 年代初，毛泽东读《初唐四杰集》，在王勃《秋日楚州郝司户宅饯崔使君序》处，写下长篇批语。毛泽东先是考证王勃在南昌作《滕王阁诗序》的年龄，认为应该在二十岁至二十六岁；接着评价说："这个人高才博学，为文光昌流丽，反映当时封建盛世的社会动态，很可以读。这个人一生倒霉，到处受惩，在赣州几乎死掉一条命。所以他的为文，光昌流丽之外，还有牢愁满腹一方。"

　　在这个批语中，毛泽东还说，王勃一个二十八岁的人，写了十六卷诗文作品，与王弼的哲学（主观唯心主义），贾谊的历史学和政治学，可以媲美。他们都是少年英发，贾谊死时三十三岁，王弼死时二十四岁。还有李贺死时二十七岁，夏完淳死时十七岁。他们都是英俊天才，惜乎死得太早了。

　　批语中提到的王弼，十几岁就爱好《老子》，通辩能言，对答如流。官至尚书郎，但事功非他所长，他对《老子》《周易》的研究，贡献很大，是开启魏晋玄学风气的哲学家。

　　批语中提到的夏完淳，是明末诗人，十四岁的时候便随父亲及老师在太湖起兵抗清复明；后兵败流离，被清廷杀害时，只有十七岁。他一生短暂，却留下十二篇赋，三百多首诗。他的作品风格高亢激越，慷慨悲怆。

　　毛泽东为什么反复讲这些英俊天才的人物故事？他在批语中明确表示："青年人比老年人强，贫人、贱人、被人们看不起的人、地位低的人，大部分发明创造，占百分之七十以上，都是他们干的。……因为他们贫贱低微，生力旺盛，迷信较少，顾虑少，天不怕，地不怕，敢想敢说敢干。如果党再对他们加以鼓励，不怕失败，不泼冷水，承认世界主要是他们的，那就会有很多的发明创造。"

最后，毛泽东表示："由王勃在南昌时年龄的争论，想及一大堆，实在是想把这一大堆吐出来。一九五八年党大会上我曾吐了一次，现在又想吐，将来还要吐。"

从边塞诗读出人的意志

　　王昌龄是盛唐时期的边塞诗人。他擅长五言古诗和五言、七言绝句，尤以绝句成就最高，作品句奇格俊，雄浑自然。其《从军行》共七首，向来被推为边塞名作。

　　《从军行》是乐府"相和歌辞·平调曲"的旧题，内容叙述军旅战争之事。王昌龄的七首《从军行》中，"青海长云暗雪山，孤城遥望玉门关。黄沙百战穿金甲，不破楼兰终不还"很有名。这首诗借雪山孤城作背景，有力地显示出身经百战、金甲磨穿的战士们以身许国的决心。楼兰为汉时西域的鄯善国，其国王与匈奴勾通，多次截杀汉朝使者，屡犯汉境。据《汉书·傅介子传》载，汉昭帝时，傅介子自请出关攻打楼兰，说不斩楼兰王誓不回来，后果然带了楼兰王的首级回到汉朝。王昌龄在诗中借用这个典故，表达将军报国、扫净边尘的豪情壮志。

　　对意气勃发、豪情满怀的唐朝边塞诗，毛泽东向来爱读。他着重从中体会一种意志坚强的人生风格。早在1917年写的《体育之研究》中，毛泽东就反复推崇和描绘"衽金革，死而不厌"的强劲人生风貌。他说，人们都敬佩武勇之士，而所谓武勇"皆意志之事"。人们的意志体现在，"若猛烈，若不畏，若敢为，若耐久"这些方面。比如，"夫力拔山气盖世，猛烈而已；不斩楼兰誓不还，不畏而已；化家为国，敢为而已"等等。他的结论是："意志也者，固人生事业之先驱也。"可见，从青年时代起，他就把王昌龄的《从军行》当作体现人生意志风貌的作品来体会。

1958年初，毛泽东的女儿李讷住院连续做了两个外科手术，手术后伤口感染，引起发烧。2月3日，正在参加一届全国人大五次会议的毛泽东给李讷写了封信：

> 害病严重时，心旌摇摇，悲观袭来，信心动荡。这是意志不坚决，我也尝尝（常常）如此。……为你的事，我此刻尚未睡，现在我想睡了，心情舒畅了。诗一首：青海长云暗雪山，孤城遥望玉门关。黄沙百战穿金甲，不斩（破）楼兰誓（终）不还。这里有意志。知道吗？

为鼓励她以坚强的意志看待病情，毛泽东特地抄寄上王昌龄的这首诗，明确提出"这里有意志"。毛泽东在信中还说："意志可以克服病情。一定要锻炼意志。"他还在这两句话下面加了着重号。

20世纪60年代，毛泽东常凭记忆，用毛笔书写王昌

读书有法
毛泽东的读书故事

龄的边塞诗。被选入《毛泽东手书古诗词选》中的作品，除信中这首诗外，有《从军行》中的"大漠风尘日色昏，红旗半卷出辕门。前军夜战洮河北，已报生擒吐谷浑"一首；还有被称为唐人七绝压卷之作的《出塞》："秦时明月汉时关，万里长征人未还。但使龙城飞将在，不教胡马度阴山。"这些作品，都突现出坚定不移的意志信念和昂扬奋发的人生壮境。

"诗仙"脱俗，但也想当官

　　毛泽东喜欢李白的诗歌，从不讳言自己的这个偏好。在《毛泽东手书古诗词选》里，便有李白诗作十五首。

　　1942年4月13日，毛泽东约见何其芳、严文井、周立波等人交换文艺工作意见时，有人问他："主席喜欢中国古典诗歌，您是喜欢李白，还是杜甫？"毛泽东回答说："我喜欢李白。但李白有道士气，杜甫是站在小地主的立场。"

　　1957年3月7日，在一次会议上谈到学校课程的设置时，毛泽东提出，文学课各地就可以讲些本地作家的作品，四川就可以讲李白、杜甫的东西。

　　毛泽东喜欢李白的诗歌，是推崇他那洒脱的艺术气质。而在这种艺术气质背后，事实上传达出一种追求个性解放、反抗各种世俗规范的人生价值观。在李白笔下，总是充满着笑傲王侯、蔑视世俗、不满现实、指斥人生、饮酒赋诗、纵情欢乐的浓烈情感。毛泽东说李白有道士气，还说其作

读书有法
毛泽东的读书故事

品"文采奇异，气势磅礴，有脱俗之气"，大体就是指这种精神状态。

毛泽东故居藏书里，有一份李白《梁甫吟》的手抄本。它是用一寸大小楷体的毛笔字，抄录在十六开毛边纸上的，共七页。手抄本右上角，有毛泽东用铅笔画着读过两遍的圈记。了解情况的同志说，这是毛泽东晚年由于眼疾视力减退，为了读这首诗，因而特意让人用大字抄写出来的。

李白曾被唐玄宗召进长安。他满怀"济苍生""安黎民"的远大政治抱负，却过了三年布衣翰林的客卿生活，未受重视，最后甚至被排挤出长安。心有不甘的李白，写了《梁甫吟》这首诗。诗中大量引用历史故事、神话传说中有为之士遭受的挫折，比拟自己的怀才不遇。这首诗，气势磅礴，色彩缤纷，极富浪漫主义的艺术特色。

毛泽东喜爱这首诗，20世纪60年代，他曾在五页红格信纸上，凭记忆手书过这首诗。毛泽东晚年对李白这首政治上失意后的悲愤之作，却有着另外一种理解。

1973年7月4日，在一次谈话中，毛泽东讲道：

李白讲秦始皇，开头一大段也是讲他了不起，"秦王扫六合，虎视何雄哉。挥剑决浮云，诸侯尽西来"一大篇，只是屁股后头搞了两句"但见三泉下，金棺葬寒灰"，就是说他还是死了。你李白呢？尽想做官！结果充军贵州，走到白帝城，普赦令下来了。于是乎，"朝辞白帝彩云间"。

其实，他尽想做官。《梁甫吟》说现在不行，将来有希望。"君不见高阳酒徒起草中"，"指挥楚汉如旋蓬"。那时神气十足。我加上几句，比较完全："不料韩信不听话，十万大军下历城。齐王火冒三千丈，抓了酒徒付鼎烹"，把他下了油锅了。

毛泽东不无挑剔地指出李白在自己诗歌中抒发的傲视一切的勃勃雄心与他在现实生活中的尴尬处境（想当官而不得）之间的深刻矛盾，可以说是点出了古代大多数有成就的诗人的普遍命运。虽然这反映出封建社会不合理制度压抑人才的痼疾，但从诗人角度看，也是书生式的空发议论的必然结果。李白虽志向远大，但并无实际才干，再加上他为人放荡不羁，就必然导致四处碰壁，可惜他至死未悟。从这个角度一比较，纯粹诗人与政治家在毛泽东心中天平上，自然发生倾斜。

毛泽东随口引出李白在《梁甫吟》中的诗句用典来指出李白的弱点。李白在《梁甫吟》里引用了刘邦的谋士、嗜酒如命的高阳人郦食其的事迹。郦食其因游说楚汉之间而受重用，李白对此有点推崇神往，故说"君不见高阳酒徒起草中"，"指挥楚汉如旋蓬"。毛泽东却不这样看，他随口说出几句打油诗，用史实指出郦食其的悲剧下场。据《史记》载，刘邦手下大将军韩信引兵东向，欲攻齐国时，为刘邦所用的郦食其抢先说降了齐王，意在争功。不料韩信仍率兵攻齐，连下七十二城，齐王以为是郦食其以缓兵

读书有法
毛泽东的读书故事

之计欺骗了自己，便把他抛入油锅烹死了。从毛泽东富有情趣的调侃打油诗中，不难看出他对纯粹诗人心态的超越，对自视过高的书生意气的轻视。

消愁破闷，把人带进神奇世界

1949 年 12 月，同苏联俄语翻译费德林谈话时，毛泽东谈到李白是唐代杰出诗人，"他像天才诗人普希金对俄国人民的贡献那样，为中国人民写了许多珍贵的艺术诗篇。李白的诗是登峰造极的，他是空前绝后的不朽艺术家"。

在一本《注释唐诗三百首》中李白的《将进酒》的标题前，毛泽东画着一个大圈，标题后连着画了三个小圈，天头上又批注："好诗。"这首诗虽有人生短促之感慨，但情感豪迈、奔放、自信，事实上从一个侧面（或以洒脱的方式）反映了诗人对当时社会压抑人才的不满。对李白那些强烈追求个性解放、不畏权贵、不崇拜偶像的诗，毛泽东都很欣赏。如《庐山谣寄卢侍御虚舟》中的"我本楚狂人，凤歌笑孔丘"，《梦游天姥吟留别》中的"安能摧眉折腰事权贵，使我不得开心颜"，《宣州谢朓楼饯别校书叔云》中的"弃我去者，昨日之日不可留。乱我心者，今日之日多

读书有法
　　毛泽东的读书故事

烦忧。长风万里送秋雁，对此可以酣高楼""抽刀断水水更流，举杯销愁愁更愁"等诗句，毛泽东都在句子旁画了着重线。毛泽东的好几本诗集中，这些诗的标题前都画着两三个圈，有的书中，标题前画圈，标题后连画三个小圈，足见重视之深。

读《唐诗三百首》时，毛泽东在《蜀道难》这首诗的天头上画着一个大圈，并批注说："此篇有些意思。"毛泽东在1975年同芦获的一次谈话中说道："李白的《蜀道难》写得很好。有人从思想性方面作各种猜测，以便提高评价，其实不必。不要管那些纷纭聚讼，这首诗主要是艺术性很高，谁能写得有他那样淋漓尽致呀，它把人带进祖国壮丽险峻的山川之中，把人们带进神奇优美的神话世界，使人仿佛到了'难于上青天'的蜀道上面了。"

在《毛泽东手书古诗词选》里，还收有《庐山谣寄卢侍御虚舟》全诗，里面间或有几个别字，当是毛泽东凭记忆而写。

1959年8月6日，毛泽东在写给儿媳刘松林的信中，又专门推荐《庐山谣寄卢侍御虚舟》中的四句：

娃：

你身体是不是好些了？妹妹考了学校没有？我还算好，比在北京时好些。登高壮观天地间，大江茫茫去不还。黄云万里动风色，白波九道流雪山。这是李白的几句诗。你愁闷时可以看点古典文学，可起消愁破闷的作用。久不见甚念。

爸爸

八月六日

《庐山谣寄卢侍御虚舟》这首七言古风，是登山有感以寄友人之作。在诗中，李白强烈地表达了他"手持绿玉杖，朝别黄鹤楼。五岳寻仙不辞远，一生好入名山游"的漫游旨趣。在诗的结尾处，李白甚至表示："遥见仙人彩云里，手把芙蓉朝玉京。先期汗漫九垓上，愿接卢敖游太清。"毛泽东曾两次手书该诗，其所重者，在于这四句所写浩阔雄浑之境，概与他自身的浩阔胸际相吻合，书以赠人，当是劝导他人开阔胸际之意。

此外，李白的《赠汪伦》《黄鹤楼送孟浩然之广陵》《子夜吴歌》等诗，语言明快爽朗，形象生动，感情真切，朗朗上口，具有"慷慨吐清音，明转出天然"的民歌乐府风韵，毛泽东也多次圈画，很爱读。

"诗圣"如何谈政治

中国诗歌史上，李白与杜甫并称，一为"诗仙"，一为"诗圣"。

1958年3月成都会议期间，毛泽东游览了杜甫草堂，在"诗史堂"称杜甫的诗是"政治诗"。毛泽东还借阅了杜甫草堂的各种版本的杜诗十二部，共一百零八本。毛泽东还阅读了唐、宋、明三朝的一些杰出诗人的作品，专门圈阅选出了"唐宋人写的有关四川的一些诗和词""明朝人写的有关四川的一些诗"，其中杜甫的诗最多，有二十五首。

毛泽东喜读杜诗，但评价不太高。他曾对人说："李白有道士气，杜甫是站在小地主的立场。"1957年在同臧克家等人的谈话中，毛泽东甚至毫不掩饰地表示，对杜甫的诗"不甚喜爱"。1958年1月16日在南宁会议上的讲话中，毛泽东还说："光搞现实主义也不好，杜甫、白居易哭哭啼啼，我不愿看。"看来，他不太喜好杜诗，主要是从创作风格和欣赏旨趣角度而言。

杜甫的思想中占主导地位的是儒家思想。他一生抱着忠君爱国、积极用世之心，时刻忧国忧民。他生活在唐王朝由盛到衰的动乱时代，加之仕途坎坷，流离漂泊，历经祸乱，因而能够体念和同情老百姓的疾苦。其诗在抒写个人情怀时，往往能紧密结合时事，反映当时的社会生活和历史面貌，后世誉之为"诗史"。毛泽东说杜诗是"政治诗"，大概就是就这个意义说的。

从创作角度讲，杜甫的诗作，特别是一些咏史叙事之作，赋多于比、兴。这也是毛泽东对杜诗评价不是很高的原因。此外，毛泽东晚年有扬李抑杜想法，是因为他感到杜甫的诗注家太多，号称"千家注杜"，李白的诗注家太少，同为大诗人，注家数量却如此悬殊，觉得有点不公平。在他看来，李诗的成就与艺术价值并不在杜诗之下。

从毛泽东故居藏书中看，他读过不少杜甫的诗，仅圈画过的就有六十七首。对杜甫的诗，毛泽东圈画三四遍的有《梦李白二首》《咏怀古迹五首》《蜀相》《闻官军收河南河北》《登高》《登楼》《阁夜》《春望》《佳人》等等。这说明毛泽东对杜甫的诗虽然"不甚喜爱"，但仍然大量地认真阅读，重视其精华，能背诵的很多。

例如，1964年毛泽东由湖南返京，火车经过岳阳地段时，索笔手书了杜甫的《登岳阳楼》："昔闻洞庭水，今上岳阳楼。吴楚东南坼，乾坤日夜浮。亲朋无一字，老病有孤舟。戎马关山北，凭轩涕泗流。"这一手书墨迹，由两位退休老工人刻制，装嵌在新修整的岳阳楼三楼上。

对杜甫的《北征》这首诗，毛泽东是肯定的。他把这首诗推荐给别人读。毛泽东在给陈毅同志的信中谈到写诗要用赋、比、兴的手法时，曾举这首诗为例。他说："杜甫之《北征》，可谓'敷陈其事而直言之也'，然其中亦有比、兴。"

唐朝安史之乱时，杜甫从长安逃至唐肃宗所在地凤翔，那时他家在鄜州。《北征》这首长达七百多字的五言长诗，是杜甫在由凤翔至鄜州探亲时写的。杜甫在诗中采取"敷陈其事"的手法叙述所见、所闻、所思，但在形容旅途中见到的"山果"，"或红如丹砂""或黑如点漆"，即用比的手法；"阴风西北来，惨淡随回纥"，即用兴的手法。所以毛泽东说："其中亦有比、兴。"

杜甫写过一首五言古风《前出塞》，主要是反对统治者穷兵黩武的。其中写道："挽弓当挽强，用箭当用长。射人先射马，擒贼先擒王。杀人亦有限，列国自有疆。苟能制侵陵，岂在多杀伤！"

20世纪60年代末，毛泽东曾借用这首诗来表达过他的外交战略。

据吴旭君回忆，在美国总统换届选举时，毛泽东曾预测过尼克松可能当选，还说准备请他到北京来。吴旭君说，尼克松是反共老手，同他会谈会有舆论压力。毛泽东接着让吴旭君背杜甫的《前出塞》，然后说：在保卫边疆，防止入侵之敌时，要挽强弓，用长箭。这是指武器在战争中的重要作用，但不是决定性的因素，决定性的因素是人。射人先射马，擒贼先擒王。这是民间流传的一句极普通的话。杜甫看出了它的作用，收集起来写在诗中。这两句话表达了一种辩证法的战术思想。我们要打开中美的僵局，不去找那些大头头，不找能解决问题的人去谈行吗？选择决策人中谁是对手这点很重要。

读书有法
毛泽东的读书故事

钻研韩愈文集，学会写古文

　　毛泽东在湖南省立第一师范学校求学期间，一连几年的国文教员都是袁仲谦。袁仲谦是清末举人，蓄一把大胡子。他要学生写桐城派古文。毛泽东在湘乡省立东山高等小学堂读书时（1910 年秋），爱上了梁启超的文章，并学梁启超的文笔作文。袁仲谦不喜这种文体，对学生规定又严，毛泽东只好改写古体文。于是，毛泽东从长沙玉泉街的一家旧书铺里找到了一部廉价的宝庆（今邵阳）版《韩昌黎诗文全集》（简称韩集）。

　　毛泽东把这本书买回来，发觉它不但页面有破损，文字也有讹误。于是他到学校图书室借来一部善本韩集，逐页逐字校勘，改正讹误，修补破烂。这样花了几个月的闲余功夫，原本有误的那部韩集居然也成了一部"善本"了。

　　有一段时间，毛泽东每天清早都琅琅诵读韩愈的诗文。当时的同班同学周世钊回忆说："读韩集时，除开那些歌功颂德的墓志铭、叹老嗟卑的感伤诗一类毫无意义的作品外，他都一篇一篇地钻研阅读。从词汇、句读、章节到全文意义，首先凭借一部字典和注释的帮助，进行了解、领会，使其达到融会贯通的地步。在这个基础上，进行反复的默读和朗读，这样就懂得更深，记来易熟。通过这样持久的努力，韩集的大部分诗文都被他读得烂熟，背得很流利。"

对韩愈的作品，毛泽东不仅是诵读，而且还动笔批注、圈画，周世钊曾回忆说："他读《韩昌黎诗文全集》时，不但注意它的文字技巧，更注意的是它的思想内容。凡是他认为道理对、文字好的地方，就圈圈点点，写上'此论颇精''此言甚合吾意'等眉批；认为道理不对、文字不好的地方，就画'×'画杠，写上'不通''此说非是'等眉批。他不因为这是'文起八代之衰'的古文大师韩愈的文章，就不问青黄皂白地一概加以接受，却要在同一个人的作品中认真深入地分辨出它的是非优劣，以期达到吸取精华、吐弃糟粕的目的。"

毛泽东当时记的《讲堂录》后半部分，便是读韩愈作品的笔记，涉及韩愈的作品有《郓州溪堂诗并序》《猫相乳》《元和圣德诗并序》《改葬服议》《谏臣论》《复志赋》《感二鸟赋》《闵己赋》《答李翱书》《与于襄阳书》等十几篇，每篇后面有多条词、句的释义，多是摘录原文或原诗中他感兴趣的字句，也摘了不少后代诗注家对韩愈作品的解释、评论和对某些词句渊源及意义的解释，也有一些是毛泽东读韩愈作品的感想、发挥。

这样一来，毛泽东很快改变了文风，写得一手出色的古文。所以，1936年毛泽东同斯诺谈话时，还特别提道："学校里有一个国文教员，学生给他起了'袁大胡子'的绰号。他嘲笑我的作文，说它是新闻记者的手笔。他看不起我视为楷模的梁启超，认为他半通不通。我只得改变文风。我钻研韩愈的文章，学会了古文文体。所以，多亏'袁大胡子'，今天我在必要时，仍然能够写出一篇过得去的文言文。"

　　他很感谢"袁大胡子"袁仲谦，1952年，专门为袁仲谦墓写了"袁仲谦之墓"几个字。

　　事实上，毛泽东青年时代写给黎锦熙、萧子升的信，大都气势沛然，情感炽烈，义理跌宕，可以说很得韩愈笔意。1915年8月，毛泽东在写给萧子升的信中抄录了自己的一段日记，辩论"匏瓜"与"牡丹"之别，这是一篇充满想象和哲理的散文，文章以匏瓜和牡丹比托粗野有实和妍艳无果这样两种人格境界，形象生动，跃然纸上。又设立客与"我"的问答，让对方提出问题，层层推进，从而真诚地解剖自己身上存在的那种"浮嚣之气"。这样的文风训练，对毛泽东后来写出议论、煽情和气势上都十分出色的政论文章，是有影响的。这篇文章在《毛泽东早期文稿》中可以查到。

　　新中国成立后，毛泽东依然注重读韩愈的文章。1965年8月10日，他指示工作人员替他找《韩昌黎全集》。《新唐书·李汉传》说，李汉"少事韩愈，通古学，属辞雄蔚。

为人刚，略类愈，愈爱重，以子妻之"。毛泽东读至此，特意批注说："韩愈文集，为李汉编辑得全，欧阳修得之于随县，因以流传，厥功伟哉。"足见他对韩愈文集的编辑情况的熟悉，把韩愈文集得以传世视为了不起的事情。

刘禹锡自信达观的气概

　　刘禹锡是中唐诗坛巨匠，白居易称他为"诗豪""国手"。他有忧国忧民的远大抱负，反对当时的宦官专权和藩镇割据等政治弊端。唐顺宗时，刘禹锡与柳宗元等人在王叔文领导下进行政治革新，采取了一些进步措施，革新失败后被贬为朗州司马。虽然一生两次被贬，长期过着流放的生活，但他坚持革新的政治主张始终不悔。

　　毛泽东对刘禹锡诗作是比较欣赏的，刘禹锡的不少诗他都圈画过五六遍。在一本《唐诗别裁集》中，毛泽东在诗人刘禹锡这个名字上面用红铅笔画着一个大的圈记，旁边用黑铅笔画着一条粗重的着重线。在《酬乐天扬州初逢席上见赠》一诗中，毛泽东用红、黑两种铅笔作了圈画、批注。《唐诗别裁集》的编者写了这样一个注解："沉舟二语，见人事不齐，造化亦无如之何。悟得此旨，终身无不平之心矣。"毛泽东注意到这个注解，在"造化亦无如之何"下画着着重线，批注"此种解释是错误的"。

为什么说这种解释是错误的呢？《酬乐天扬州初逢席上见赠》是刘禹锡在唐敬宗宝历二年（826年）被征还京，和白居易在扬州相逢时所写，虽自比为"沉舟""病树"，但从全诗以及刘禹锡一贯的世界观和人生态度来看，作者在这两句中所表达的，总体上认为历史是要向前发展的，其中包含了刘禹锡本人积极进取的人生精神。编者把它理解为一种消极的、在命运面前无能为力的人生哲学，很难说不是脱离作者的唯物主义思想和政治上的硬骨头精神的一种误解。因此，毛泽东不同意这种解释，指出它是"错误的"。

1959年4月24日，毛泽东在一个报告上的批示中写道："唐人诗云：沉舟侧畔千帆过，病树前头万木春。再接再厉，视死如归，在同地球开战中要有此种气概。"看来，积极进取的大无畏气概，是毛泽东对"沉舟"二句的注解。

从刘禹锡的经历来看，他长期处于政治逆境之中。他第一次被贬时，只有二十三岁，十年后被召回长安，写了一首著名的《元和十年自朗州至京，戏赠看花诸君子》："紫陌红尘拂面来，无人不道看花回。玄都观里桃千树，尽是刘郎去后栽。"恰恰因为这首诗对新贵有讽刺，他再度被贬。十四年后，他又被召回，又写下了《再游玄都观》："百亩庭中半是苔，桃花净尽菜花开。种桃道士归何处？前度刘郎今又来。"刘禹锡真有一种硬骨头精神。毛泽东很喜爱这两首诗，曾经手书过。

毛泽东也很爱读刘禹锡的一些咏史诗。在一本《注释唐诗三百首》中刘禹锡的《蜀先主庙》一诗旁，毛泽东批注："略好。"这首诗为："天地英雄气，千秋尚凛然。势分三足鼎，业复五铢钱。得相能开国，生儿不象贤。凄凉蜀故伎，来舞魏宫前。"诗人赞扬刘先主刘备，贬讥刘后主刘禅，全诗写得含蓄凝练，具有史论性质。《乌衣巷》一诗，毛泽东圈画过六次。这首诗为："朱雀桥边野草花，乌衣巷口夕阳斜。旧时王谢堂前燕，飞入寻常百姓家。"诗人从感叹东晋豪门贵族王导、谢安的兴衰，借古讽今。诗的意味深长，发人思索。

1975 年春天，毛泽东已经八十二岁高龄。当时任北京大学中文系讲师的芦荻被调到毛泽东身边工作，为他读书。初次见面，问过姓名之后，毛泽东问她："会背刘禹锡的《西塞山怀古》这首诗吗？"接着他便铿锵有力地吟诵起来："王濬楼船下益州，金陵王气黯然收。千寻铁锁沉江底，一片降幡出石头。人世几回伤往事，山形依旧枕寒流。今逢四海为家日，故垒萧萧芦荻秋。"芦荻的姓名恰好镶嵌在这首诗的最后一句，因此毛泽东很快联想到这首他所熟悉的诗。西塞山在今湖北黄石附近。诗人刘禹锡通过缅怀历史，抒发他对国家兴亡的关注之情，指出割据分裂局面不能持久，统一是历史的必然趋势。毛泽东对这首诗先后圈画过六遍。

1958 年 12 月 9 日，毛泽东在中共八届六中全会的讲话提纲中写到"个人要准备随时有灭亡的可能"时，随即写下刘禹锡的名句"沉舟侧畔千帆过，病树前头万木春"。

　　显然，毛泽东喜欢刘禹锡的诗作，正在于诗作传达的这种自信、达观的精神，以及不屈奋斗、迎接光明前景的气概。

江州司马有平等心情

毛泽东在一本《注释唐诗三百首》中白居易的《琵琶行》旁，写了一段批语：

江州司马，青衫泪湿，同在天涯。作者与琵琶演奏者有平等心情。白诗高处在此，不在他处。其然岂其然乎？

他还在这首诗的标题上连画三个大圈，在"同是天涯沦落人，相逢何必曾相识"两句旁，一路密圈。

白居易是唐朝新乐府诗歌运动的倡导者和突出代表。他生活在唐朝的中后期，早年生活穷困，在战乱中有过长期的流浪生活，目睹了老百姓种种苦难，因此主张"文章合为时而著，歌诗合为事而作"，即文学要反映现实。他还提出诗、文应该"救济人病，裨补时阙"，伸张"直气"，扶持"壮心"，用今天的话来说，就是文学要有斗争性。

白居易做谏官时，因触犯了皇帝，所以被贬为江州司马。《琵琶行》就是他在政治上受贬，"谪居卧病浔阳城"的时候写的。

毛泽东说白居易与弹琵琶的女子，"有平等心情"，并称赞这是"白诗高处"，可谓一语点破这首诗的精髓。诗人白居易是弹琵琶女子的知音，毛泽东是诗人白居易的知音。

毛泽东曾用八页红线竖格的"中国人民革命军事委员会"的稿纸，书写了《琵琶行》，从个别相异的字词来看，他是把全诗背下来以后书写的。

毛泽东在读清代吴景旭的《历代诗话》时，很注意古人对《琵琶行》中的一些字词和地名的解释。如《琵琶行》中的"枫叶荻花秋瑟瑟"一句，有人解释"瑟瑟"是形容秋天的萧瑟。《历代诗话》列举对"瑟瑟"的各种注解，毛泽东都逐句加了圈点。

《琵琶行》里说道："自言本是京城女，家在虾蟆陵下住。"虾蟆陵究竟在长安城何处呢？《历代诗话》认为，虾蟆陵就在汉代董仲舒墓附近。据文献记载，人们经过董仲舒墓门的时候，"要下马，以故号下马陵，而语讹为虾蟆陵。白公诗亦循俗之过"。毛泽东对这些注解依然是逐句加了圈点。作为一位日理万机的读者，如此细究《琵琶行》写到的地址，也是一桩趣事。

白居易也有一些闲适诗写得不错。毛泽东很喜欢他十六岁时写的那首《赋得古原草送别》："离离原上草，一岁一枯荣。野火烧不尽，春风吹又生。远芳侵古道，晴翠接荒城。又送王孙去，萋萋满别情。"对这首诗，毛泽东在四五本诗集中都作了圈画。白居易的这些诗，语言通俗，富于哲理性，大概是毛泽东喜欢的原因。

毛泽东在讲话中经常引用的白居易诗，是其《放言五首》中的第三首："赠君一法决狐疑，不用钻龟与祝蓍。试玉要烧三日满，辨材须待七年期。周公恐惧流言日，王莽谦恭未篡时。向使当初身便死，一生真伪复谁知?"

1939年5月30日在延安庆贺模范青年大会上的演讲中，毛泽东讲道：

要奋斗到死，没有死就还没有达到永久奋斗的目标。从前有一首诗说："周公恐惧流言日，王莽谦恭下士（未篡）时。倘（向）使当年身便死，一生真伪有（复）谁知?"这在我们的历史学家那里叫做"盖棺论定"，就是说，人到死的时候，才能断定他是好是坏。假使周公在那个谣言流传的时候就死了，人家一定会加他一个"奸臣"的头衔；又若王莽在那个谦让卑恭的时候死了，那后世人一定会赞扬他的。不过我们现在不是讲历史，那两个人究竟孰好孰坏，我们不论，然而它说明了人只有到死，才可以论定他的功罪是非。

1972年，林彪事件后，毛泽东又引这首诗的后四句，用以说明：一个人错误的发展是有一定过程的，认识一人也是有一定过程的。

毛泽东故居里有一本平装的《白香山集》，他对这首诗全部用红笔画满了着重线。毛泽东喜欢这首诗，是因为它道出了识别一个人真伪的哲理。

"诗鬼"的幻想

　　李贺是毛泽东最喜欢的诗人之一。李贺一生，仕途很不得意，只做了三年奉礼郎便郁郁而死，年仅二十七岁。在读王勃的《秋日楚州郝司户宅饯崔使君序》时所作的批语中，毛泽东评李贺等人"英俊天才，惜乎死得太早了"。

　　李贺可说是以诗为业，内容多批判现实，慨叹身世，有不少描写神仙鬼魅的作品。后人说他是"鬼才"。

　　在毛泽东的心目中，李贺是浪漫主义诗人代表。而浪漫主义，恰是毛泽东的文化性格特点。想象甚至幻想，是大胆创造、跳出圈圈想问题的心理条件之一。

　　1958 年 3 月 22 日，毛泽东在成都会议上谈到要大胆创造，不要迷信时说，中国的儒学家，对孔子就是迷信，不敢称孔丘。唐朝李贺就不是这样，对汉武帝直写其名，曰刘彻、刘郎（李贺《金铜仙人辞汉歌》中有"茂陵刘郎秋风客"诸句），称魏夫人为魏娘。一有迷信就把我们的脑子镇压住了，不敢跳出圈子想问题。总之，在毛泽东看来，"李贺诗很值得一读"。

在毛泽东故居书房里藏有多种版本的李贺诗集。如《李长吉歌诗集》《李长吉集》《李昌谷诗集》《李昌谷诗注》等。翻开这些书，每本都有毛泽东的圈画。在一本《李长吉歌诗集》杜牧所写的序言中，毛泽东多处画着曲线和圈。李贺流传于世的诗约有二百四十首，毛泽东圈画过的有八十三首，有些诗圈画过四五次。

毛泽东圈画得较多的是李贺的《南园十三首》和《马诗二十三首》。这两组诗是诗人托物、托景、托事寄情，抒发自己对政治、对人生的抱负、见解和感慨的。

李贺的《致酒行》，以汉朝的主父偃、唐朝的马周先遭厄运、后被重用的经历，自勉自励，不以遭遇"幽寒"而气馁。"我有迷魂招不得，雄鸡一声天下白。少年心事当拏云，谁念幽寒坐呜呃！"诗的最后四句，表达了诗人希望有一天壮志得以实现的愿望。尤其是"雄鸡一声天下白"一句，音韵高亢，意境开阔，传达出朝气蓬勃的心声。毛泽东在写《浣溪沙·和柳亚子先生》一词时，点化运用"雄鸡一声天下白"这一诗句，写道"一唱雄鸡天下白"，形容新中国成立后，中国由黑暗走向光明。

李贺的《金铜仙人辞汉歌》，通过魏明帝搬迁汉武帝所铸金铜仙人这一段历史，用拟人化的表现手法，赋予金铜仙人以真挚深沉的思想感情，着力刻画了仙人离开京都长安时的哀伤、愤慨和对汉武帝的眷恋。其中"天若有情天亦老"一句，更是写仙人离京时的感叹，诗意是深邃的。毛泽东在写《七律·人民解放军占领南京》一诗时，引用了这一诗句并赋以新意。

李贺以他奔放的激情、瑰丽多彩的语汇、奇峭独特的构思、丰富的想象力驰骋于神话世界，写下一些游仙诗。其中，《梦天》写诗人梦游太空，看到奇丽变幻的天光月色。俯视人间，沧海桑田，千年如瞬息。辽阔的中国大地上，九州和海洋，渺小得像九点烟、一杯水。这首诗美丽而富含哲理，感染力很强。毛泽东在一本黄陶庵评本《李长吉集》中，在"遥望齐州九点烟，一泓海水杯中泻"两句末画圈；在天头编者的评语"论长吉每道是鬼才，而其为仙语，乃李白所不及，九州二句，妙有千古"处，每句都圈点断句，很重视这个评论。

1960 年 5 月 2 日，毛泽东在山东视察工作时，便专门同杨尚昆和舒同等说到《梦天》。他提出能否研究和利用海水的问题，说把海水变淡水，水就多了。舒同说正在搞实验，但大量地搞还不行。毛泽东接着说：

从前有人描写这个海水是"黄尘清水三山下，更变千年如走马。遥望齐州九点烟，一泓海水杯中泻"。"三山"，就是海里头三个神仙住的山。"更变千年如走马"，就是世事变得很快。那个时候他所讲的"齐州"，不单是山东，是指整个中国。"九点烟"，是讲九州。后头它缩小到你们济南附近的那个九点烟了。这是唐朝李贺的诗。这个诗人只有二十七岁就死了。专门作古怪的诗。（杨尚昆：李贺的诗不容易懂。）有些还是容易懂的。人们说他写的是鬼诗，不是人诗。

杜牧咏史：教人做事要干到底

1939 年 4 月 8 日，毛泽东在延安抗大作了一次演讲，其中说道：

楚霸王项羽在中国是一个有名的英雄，他在没有办法的时候自杀，这比汪精卫、张国焘好得多。但项羽尚有一个缺点，从前有一个人在他自杀的地方做了一首诗，问他你为什么要自杀，可以到江东去再召八千兵来打天下。我们不学汪精卫、张国焘，要学项羽的英雄气节，但不自杀，要干到底。

毛泽东在上面这个讲话中说的"从前有一个人在他（项羽）自杀的地方做了一首诗"，是指晚唐诗人杜牧写的一首《题乌江亭》："胜败兵家事不期，包羞忍耻是男儿。江东子弟多才俊，卷土重来未可知。"

杜牧出身高门世族，是宰相杜佑之孙，又少年科第，本可飞黄腾达，但由于不屑逢迎权贵，官位就没有升上去。他在诗歌散文方面，与李商隐齐名，人称"小李杜"，有诗文集《樊川文集》。新中国成立后，毛泽东曾特意批示工作人员为他找一本《樊川文集》，可见他对杜牧的作品是注意阅读的。

　　《题乌江亭》是杜牧的咏史诗，毛泽东很早就读过。1939 年 4 月 8 日，在一次讲话中，毛泽东借它来说明"要干到底"的意思，当是抓住了该诗的主要旨意。这个观点，毛泽东在新中国成立后也有所表达。

　　杜牧另有一首咏史诗题为《赤壁》："折戟沉沙铁未销，自将磨洗认前朝。东风不与周郎便，铜雀春深锁二乔。"如何理解这首诗？《历代诗话》辑录的一则材料说：杜牧的诗，常"用翻案法，跌入一层，正意益醒"，"东风、春深数字，较为含蓄深窈矣"，并举杜牧《题乌江亭》佐证，说"项氏以八千渡江无一还者，谁肯复附之？其不能卷土重来决矣"。

　　毛泽东在"翻案法"等处画了着重线，但对有关项羽的论断则批注"此说亦迂"四个字，表示自己不同意这种观点。"迂"在何处？《历代诗话》的作者没有超出项羽"无颜见江东父老"的心理局限，并以个人的"面子"问题来揣摩江东父老对暂时失败的英雄的态度，由此把一场声势浩大的楚汉相争的成败，归之于个人的声誉。

　　在毛泽东看来，彻底的反抗者和挑战者，除了善于把握历史趋势，分析社会时事，还必须具有韧性的战斗精神，一切都事在人为。何况在反抗暴秦阶段，刘邦、项羽同属于推动历史进步的阵营，灭秦后的楚汉之争，双方所代表的政治和军事集团，也没有进步或者倒退这种历史意义的高下之分，所异者只是刘邦、项羽的年龄、个性、才智和领导经验。具有"力拔山兮气盖世"这一魄力风范的项羽，如果善于总结经验教训，回到江东，为什么不可以卷土重来呢？

读杜牧《题乌江亭》，称项羽为"英雄"，赞其宁肯自杀也不屈降的"气节"，惋惜他放弃卷土重来的机会，提出"要干到底"的命题，鄙薄政治上"开小差"的汪精卫、张国焘之流，这是不是从一个侧面反映出毛泽东个人的性格本色呢？

倒霉的罗隐值得同情

　　毛泽东故居的藏书中，有晚唐诗人罗隐的两本诗集——《罗昭谏集》和《甲乙集》。毛泽东对其中很多首诗都画着浓圈密点，粗略统计约有九十一首。毛泽东喜读罗隐的诗，与罗隐的才气和生平遭际有关。

　　罗隐生于官宦之家，天资聪明，少负诗名。他因常常讥讽权贵，导致十次参加考试都没有中进士，一气之下，才把自己的名改为"隐"。生逢乱世的他，笔下多愤世嫉俗，但也关注民情。他写的小品文很有名，总是透露出不平之情。他的诗歌更是如此，且常常是借史咏怀。

　　罗隐写有一首《偶题》，又名《嘲钟陵妓云英》："钟陵醉别十余春，重见云英掌上身。我未成名君未嫁，可能俱是不如人。"据说罗隐首次应考的时候，在钟陵酒宴上遇见歌妓云英。十二年后，罗隐还没有考中，又与云英相见。云英笑他仍是一个酸秀才，罗隐就写了这首诗回答她。

毛泽东在《罗昭谏集》中的这首诗最后两句，字字都画了密圈。在《甲乙集》的这首诗中，除圈点外，还批注："十上不中第。"罗隐的这首诗，名为嘲笑歌妓云英，实则是和歌妓云英"同病相怜"。"可能俱是不如人"无疑是一种不得已的苦笑。毛泽东对这首诗的圈画和批注，是对诗人的理解和同情。

罗隐怀才不遇的悲愤，流露在作品中，既有比较清醒的揭露现实的一面，也有愤世嫉俗、消极和低沉的一面。如今已广泛流传的"今朝有酒今朝醉"就是他《自遣》诗中的一句。这首诗是："得即高歌失即休，多愁多恨亦悠悠。今朝有酒今朝醉，明日愁来明日愁。"毛泽东对这首诗一路密圈到底。"自遣"是自我排解宽慰的意思。诗人生活在政治极端腐败黑暗的晚唐时期，面对着社会上的各种丑恶现象不能无动于衷，却又无能为力，只落得个以酒浇愁。

毛泽东之所以同情罗隐，还因为他并不是没有实际才干的空头书生。据毛泽东读过的一本《通鉴纪事本末》记载，唐末藩镇割据时，镇海、镇东节度使钱镠与黄巢所属孙儒旧部作战时，在杭州修筑城垒，很得意地对身旁幕僚们说："十步一楼，可以为固矣。"不料在他手下做小书记官的罗隐却说："'楼不若皆内向。'至是，人以隐言为验。"毛泽东对罗隐的话，逐字加了旁圈，批注："昭谏亦有军谋。"

毛泽东还圈画了罗隐的一些有独到见解的咏史诗。如《西施》："家国兴亡自有时，吴人何苦怨西施。西施若解倾吴国，越国亡来又是谁?"毛泽东在这首诗的标题前画着两个大圈，全诗都加了密圈。在古典诗词中，有不少著名诗人咏叹西施的作品，但罗隐的这首诗，不把国家兴亡之责归于个人的作用，不认为封建王朝是天命不亡的。在当时的历史条件下，有这样超凡脱俗的清醒见解，确属难得。

这类咏史诗，毛泽东还圈画过《焚书坑》："千载遗踪一窖尘，路傍耕者亦伤神。祖龙算事浑乖角，将谓诗书活得人。"罗隐从另一角度写秦始皇的焚书坑儒，含蓄有新意，毛泽东对这首诗的最后两句加了密圈。《秦纪》写道："长策东鞭及海隅，鼋鼍（yuán tuó）奔走鬼神趋。怜君未到沙丘日，肯信人间有死无。"这首诗是讽刺秦始皇寻求长生不老之术的，毛泽东对前两句加了曲线，后两句加了密圈。

罗隐的写景诗，毛泽东也圈画了不少。如《七夕》："月帐星房次第开，两情唯恐曙光催。时人不用穿针待，没得心情送巧来。"毛泽东对最后两句不仅一路密圈到底，而且最后还画上一个大圈套两个小圈。诗人对神话中牛郎织女久别重逢的心情观察入微，构思也自有一番与众不同的风致。毛泽东密密麻麻的圈画，流露出他的欣赏所在。

击节沉吟辛弃疾

辛弃疾是南宋豪放派词人的代表，在宋人词作中，毛泽东阅读圈画得最多的是辛弃疾的作品，大约有九十八首。1959 年中华书局影印出版的《稼轩长短句》，共有四册，每册的封面上，毛泽东都用粗重的红铅笔圈画着。书中有六十多首词的标题也有圈画，书中用黑、红两色铅笔画着圈、点、曲线。从圈画用的不同笔迹估计，这部书可能是他在不同时期陆续读完的。在他经常翻阅的几部《词综》里，对辛弃疾的词也是反复多次圈画。

辛弃疾不光是词人，他还拥有不多见的军事和政治才能。二十二岁那年，他聚众两千人，起事抗金，后加入农民耿京起义队伍。他奉耿京之命，赴建康（今南京）与南宋朝廷商量归附的事情。归途中他听说耿京被降金的张安国所杀，毅然率五十骑突袭济州，生擒张安国，押回后斩首示众。此壮举盛传一时。南归后，辛弃疾历任湖北、湖南、江西、福建等地安抚使等职，还创建了雄镇一方的飞虎军。他几次向朝廷提出抗金恢复失地的大政方略，但均不被采纳。他四十岁出头便被弹劾落职。此后二十余年间，除短期被起用外，他主要闲居乡间。

辛弃疾不像李白，李白天生是诗人，搞政治和军事非其所长，而辛弃疾本该在政治和军事上一展宏图，却专注于词作。他矢志收复中原山河的满腔忠愤，不得不寄情于词，于悲歌慷慨之中，唱出时代强音。

辛词最为人称道的是两首登京口北固亭怀古之作。《永遇乐·京口北固亭怀古》写道："千古江山，英雄无觅，孙仲谋处。舞榭歌台，风流总被，雨打风吹去。斜阳草树，寻常巷陌，人道寄奴曾住。想当年，金戈铁马，气吞万里如虎。元嘉草草，封狼居胥，赢得仓皇北顾。四十三年，望中犹记，烽火扬州路。可堪回首，佛狸祠下，一片神鸦社鼓！凭谁问：廉颇老矣，尚能饭否？"《南乡子·登京口北固亭有怀》写道："何处望神州？满眼风光北固楼。千古兴亡多少事？悠悠。不尽长江滚滚流！年少万兜鍪，坐断东南战未休。天下英雄谁敌手？曹刘。生子当如孙仲谋。"

两首词的风格虽不一致，但表达的是同样的思想感情，一向被认为是辛弃疾的代表作。毛泽东多次圈画过这两首词，非常喜爱它们。1957年3月，在一次由南京飞往上海的途中，当飞机飞临镇江上空时，毛泽东写下了《南乡子·登京口北固亭有怀》，并向同行工作人员解释这首词的意义和所用典故。这两首怀古词是辛弃疾去世前两年在镇

读书有法
毛泽东的读书故事

江知府任上写的。他借古喻今，通过对孙权、刘裕等历史人物的歌颂，说明作者南归四十三年来，一直不忘金戈铁马、征战疆场的抗金斗争，并讽喻南宋统治者怯懦无能，还以廉颇自喻，表达实现收复中原、统一祖国的理想，老骥伏枥、雄心不已的壮志。

辛弃疾长期落职闲居，致使英雄无用武之地。他的词，有相当数量是抒发对往昔战斗生活的怀念和壮志难酬的苦闷。毛泽东对这类词也圈画了不少。如《破阵子·为陈同甫赋壮词以寄之》："醉里挑灯看剑，梦回吹角连营。八百里分麾下炙，五十弦翻塞外声，沙场秋点兵。马作的卢飞快，弓如霹雳弦惊。了却君王天下事，赢得生前身后名。可怜白发生。"毛泽东对这首词，至少圈画两遍以上。

毛泽东晚年，还让有关部门选注了辛弃疾、陆游、岳飞、张孝祥、张元幹等人的作品，印成大字本给他读。这期间，他又让文化部录制了一套古诗词演唱磁带，不少是南宋词人的作品。这套磁带共五十九盒，请当时的著名歌唱家和乐曲演奏家配器演唱。

1975 年 7 月，毛泽东是听着岳飞的《满江红》上手术台做摘除白内障手术的。术后打开纱布的当晚，他读的是大字本陈亮的《念奴娇·登多景楼》。他读后呜呜大哭，引得在外屋值班的大夫不明所以。

毛泽东晚年为什么喜欢悲壮慷慨、志气沉雄的南宋诗词呢？这与他当时复杂的思绪和心情有关。这些词展示的题材，传达的情绪，蕴含的主题，多是把个人命运与爱国精神融在一起，很容易引发毛泽东关于社会政治和个人命运、关于理想和现实、关于壮志和暮年这样一些问题的思考，并在他的感情世界中掀起巨大的波澜，从中寻求到相应的心志勉励和情感抚慰。

陆游：国事家事两端情

毛泽东爱读南宋诗词，陆游的作品是重点读的。

有一次，毛泽东同在北京大学中文系读书的邵华谈起宋代诗人诗作，毛泽东问邵华最喜欢谁的作品，她说陆游。毛泽东问为什么，她说陆游的作品充满热血沸腾的爱国主义激情，具有雄浑豪放的战斗风格，常常表现出"一身报国有万死"（《夜泊水村》）的牺牲精神。毛泽东又问她最喜欢陆游的哪几首诗词，邵华说了《关山月》《书愤》《诉衷情》《夜游宫·记梦寄师伯浑》《示儿》等篇，并将其中的几首背给毛泽东听。背诵中，邵华略微停顿想下句时，毛泽东就提示她一下。

邵华背诵《夜游宫·记梦寄师伯浑》，背诵到"睡觉寒灯里"时，毛泽东指出她读错了一个字，"睡觉寒灯里"的这个"觉"，这里不能读 jiào，应该读 jué，并叫她回校去问问老师这样念对不对，邵华乘机请毛泽东把这首词写出来给她。毛泽东谈兴正浓，立刻站起身来，走到桌前，铺开宣纸，饱蘸墨汁，挥笔写下了《夜游宫·记梦寄师伯浑》："雪晓清笳乱起，梦游处，不知何地。铁骑无声望似水。想关河，雁门西，青海际。睡觉寒灯里，漏声断，月斜窗纸。自许封侯在万里。有谁知，鬓虽残，心未死！"

后来，毛泽东又把这首词写下来送给卫士张仙朋。

在《毛泽东手书古诗词选》里，还有一首陆游的《诉衷情》："当年万里觅封侯，匹马戍梁州。关河梦断何处？尘暗旧貂裘。胡未灭，鬓先秋，泪空流。此生谁料，心在天山，身老沧洲。"陆游的这两首词，表达的依然是壮志未酬，身已迟暮，而雄心依旧的情怀。

这些忧患、沉雄、悲愤的情绪，典型地体现了南宋爱国主义诗词作品的风格。它们唤起毛泽东的共鸣，乃在情理之中。

陆游的作品，人们最熟悉的，大概要算七绝《示儿》："死去元知万事空，但悲不见九州同。王师北定中原日，家祭无忘告乃翁。"这是他八十五岁临死前写的，实际上是他的遗嘱。从诗中可以看出，陆游竟是抱着死前恨不见中原恢复的遗恨与世长辞的，他一点也不甘心，畅想着恢复中原的情景，即使自己到了阴间，也希望儿孙们能够把恢复中原的好消息告诉他。

对这首诗，毛泽东是很熟悉的。1958 年，在一段批语中，他还作了新的改写：

革命尚未全成，同志仍须努力。港台一带，饕蚊尚多，西方世界，饕蚊成阵。安得起全世界各民族千百万愚公，用他们自己的移山办法，把蚊阵一扫而空，岂不伟哉！试仿陆放翁曰：人类今闲上太空，但悲不见五洲同。愚公尽扫饕蚊日，公祭无忘告马翁。

　　由于婚姻不幸，陆游对自己的爱情悲剧耿耿于怀，为此，他写过一些内容深婉、真挚感人的言情之作，其《钗头凤·红酥手》就是代表。陆游初娶表妹唐婉，夫妇感情很好，但他的母亲不喜欢这个媳妇，两人被迫分离。后来陆游另娶，唐婉也改嫁赵士程。有一次陆游春日出游，在绍兴禹迹寺南的沈园和唐婉相遇，唐婉以酒款待。陆游非常伤感，在园壁上题了《钗头凤·红酥手》。相传唐婉看了以后，和了一首词，不久即抑郁而死。四十年后，陆游旧地重游，又写了两首著名的《沈园》诗，其中有"伤心桥下春波绿，曾是惊鸿照影来"一联。

　　毛泽东很喜欢《钗头凤·红酥手》这首词，对该词的创作背景很熟悉，多次对身边的工作人员谈起。他对保健医生徐涛说，陆游与唐婉离异后，又相遇于沈园，那是他们情意缠绵之地，陆游的那首《钗头凤·红酥手》就题在沈园的墙壁上。说着还把这首词写了下来。写完后他又问徐涛知不知道唐婉回赠的那首词，徐涛说没有读过，毛泽东便脱口念了起来："世情薄，人情恶，雨送黄昏花易落。晓风干，泪痕残，欲笺心事，独语斜阑。难，难，难！人成各，今非昨，病魂常似秋千索。角声寒，夜阑珊，怕人寻问，咽泪装欢。瞒，瞒，瞒！"

念完，毛泽东又说，这首词回赠没有多久，唐婉就因疾愁而死去，当初是陆游的母亲与唐婉不和。陆游这一对夫妻没有得到真正的幸福，这是封建社会的悲剧。

《西厢记》里两个见义勇为的年轻人

在古代戏曲剧本中，毛泽东最喜欢读的，恐怕就是王实甫写的元杂剧《西厢记》了。

王实甫的生平事迹很难找到材料，只知他是大都（今北京）人，其创作活动大约在元成宗元贞、大德年间。

《西厢记》的故事源于唐代元稹的传奇小说《莺莺传》。剧中写相国小姐崔莺莺与书生张生在普救寺偶然相遇，一见钟情。适遇孙飞虎为夺娶莺莺而兵围普救寺，崔母宣称有退兵之策者即以莺莺许之为妻。张生挺身而出，计退贼军。事后崔母弃约赖婚。在婢女红娘的帮助下，莺莺逐渐战胜自己的犹豫、怯懦、顾虑，与张生私下结合。崔母得知，又强迫张生入京赶考。莺莺原所许配的郑尚书之子郑恒谎称，张生已被尚书招赘为婿，崔母乘机翻悔，张生及时赶到，两人终成眷属。

毛泽东青年时代是否读过《西厢记》，尚不可察；但最晚从他在延安期间开始，便时常阅读，而且很注意清初批评家金圣叹对这部剧作的评点。在 1941 年写的《驳第三次"左"倾路线》这篇长文中，毛泽东就顺笔提道："金圣叹不愿意抹杀王实甫在《西厢记》中偶然写出的几句好话。"

1958 年 3 月成都会议期间，毛泽东让工作人员给他找来一本《西厢记》阅读，22 日，又给田家英一信说："请着人再找一部金圣叹批注的《西厢记》，金批本与此本有些不同。"可见他阅读之细致，兼及不同版本。正是这一天，毛泽东在会议上讲了一段关于惠明见义勇为的话：

孙飞虎围着普救寺，张生要送信请他的朋友白马将军来解围，但无人送信，于是开群众会议，惠明挺身将信送去。这是描写惠明胆大勇敢，是坚定之人。希望中国多出惠明。

一个多月以后，在党的八大二次会议上，毛泽东又讲起《西厢记》。这一次，他说的是红娘。他说，红娘是个有名的人，她是奴婢，但她很公正、勇敢，帮助张生做了那样的事，当时是违反"婚姻法"的，被打了四十大板，可是，她不屈服，反过来把老夫人责备了一顿。你们说，是红娘学问好，还是老夫人学问好？

同年 7 月 1 日，他批示有关工作人员为他找几本古典文学著作，其中也有《西厢记》。1961 年 12 月 27 日在北京召开的中央工作会议上，毛泽东又特意从《西厢记》里选出一段，批示道："印发各同志《西厢记》第二折。"

印发与会者的第二折，即该剧第四本第二折。前面提及的崔母责斥红娘反被红娘责备的一段，便出自这一折。京剧里有一出戏叫"拷红"，老夫人打红娘的板子，说的也是这段情节。在这里，《西厢记》成了毛泽东表达自己的政策思想和开展政治工作的工具。

1962年8月5日，在一次谈话中，毛泽东又以《西厢记》为例来说明冲突在戏剧艺术中的重要作用。他说："《西厢记》中老夫人代表封建势力，是对立面，有了老夫人，才有戏，不然光有莺莺、红娘、张生三个人打成一片，没有对立面还有什么戏呀！"

1975年，当时的北京大学中文系讲师芦荻为毛泽东读了一段时间的书。一次，读江淹的《恨赋》，为了解释其中的"溢"字，毛泽东就将《西厢记》中的原文背了一大段。

据查，江淹《恨赋》中只有一个"溢"字，那段原文是："至如秦帝按剑，诸侯西驰。削平天下，同文共规；华山为城，紫渊为池。雄图既溢，武力未毕。"毛泽东背《西厢记》中的原文，正是第四本中第三折《长亭送别》中的几句："这忧愁诉与谁？相思只自知，老天不管人憔悴。泪添九曲黄河溢，恨压三峰华岳低。到晚来闷把西楼倚，见了些夕阳古道，衰柳长堤。"

《西厢记》中的人物，毛泽东最喜欢惠明和红娘，两人都是底层的小人物，一个是寺庙的杂役僧，一个是小姐的丫鬟。他们在剧中表现出来的共同特点便是见义勇为。惠明为解他人燃眉之急，自告奋勇杀出重围去送信；红娘则以自己的智慧善辩，战胜了高高在上的老夫人，帮助了张生和崔莺莺这对有情人。毛泽东在 1958 年党的会议上分别谈起《西厢记》里的这两个人物，与他当时的解放思想、破除迷信的思想背景，和年轻人胜过老年人、小人物胜过大人物、贫贱低微的人最有创造力的主张，是有关系的。

奇联共欣赏

康熙年间，孙髯题写的昆明大观楼对联，是流传甚广并颇受推崇的一副长联，至今仍悬在云南昆明大观楼上。全联为：

五百里滇池，奔来眼底。披襟岸帻，喜茫茫空阔无边。看东骧神骏，西翥灵仪，北走蜿蜒，南翔缟素。高人韵士，何妨选胜登临。趁蟹屿螺洲，梳裹就风鬟雾鬓；更苹天苇地，点缀些翠羽丹霞。莫辜负四围香稻，万顷晴沙，九夏芙蓉，三春杨柳。

数千年往事，注到心头。把酒凌虚，叹滚滚英雄谁在。想汉习楼船，唐标铁柱，宋挥玉斧，元跨革囊。伟烈丰功，费尽移山心力。尽珠帘画栋，卷不及暮雨朝云；便断碣残碑，都付与苍烟落照。只赢得几杵疏钟，半江渔火，两行秋雁，一枕清霜。

道光年间，有一个叫阮元的学者，任云贵总督时，看到这副对联，认为原联歌颂了汉、唐、宋、元诸朝，漏掉了清朝，于是动手改了这副对联，另制联板悬于大观楼，引起当地人的不满，随即撤去。

　　孙髯的长联和阮元的改联，都被收录在道光年间的学者梁章钜写的《楹联丛话》一书中。毛泽东对孙联读得甚为仔细，一一数了字数，在批语中写道"一百八十字"，认为孙联"从古未有，别创一格"。他不喜欢阮联，批道："死对，点金成铁。"

　　批语中还提道："近人康有为于西湖作一联，仿此联而较短，颇可喜。记其下联云：'霸业烟销，雄心止水，饮山水绿，坐忘人世，万方同慨顾何之。'康有别墅在西湖山上，联悬于湖中某亭。"

　　毛泽东由孙髯的长联而想到的康有为所作的对联，是康有为1920年4月游西湖时撰题的，曾悬挂在三潭印月御碑亭亭柱上面。全文是：

　　岛中有岛，湖外有湖，通以卅折画桥，览沿堤老柳，十顷荷花，食莼菜香，如此园林，四洲游遍未尝见。

　　霸业销烟，禅心止水，阅尽千年陈迹，当朝晖暮霭，春煦秋阴，饮山水绿，坐忘人世，万方同慨更何之。

　　毛泽东认为这副对联"较短，颇可喜"，主要是从艺术上推崇的。毛泽东当是在西湖见了该联而印象很深，信手

拓来。

毛泽东不仅从书本上读楹联，而且对悬刻各地的名联有着特殊的喜爱。特别是新中国成立后，他常在视察各地时，游览名胜古迹，鉴赏楹联匾额、历代碑刻。

1952年10月，毛泽东游览开封北城古迹铁塔和龙亭。龙亭东侧石门两边镌刻着康有为的题联："中天台观高寒，但见白日悠悠，黄河滚滚；东京梦华销尽，徒叹城廓犹是，人民已非。"毛泽东长时间地凝视着这副对联，叮嘱秘书抄录下来。

1958年3月，毛泽东游览成都西郊的杜甫草堂。在参观过程中，毛泽东对后人凭吊草堂题咏的诗句石刻看得十分仔细，对大廨前那副清代诗人顾复初的名联表现出浓厚的兴趣。该联为："异代不同时，问如此江山，龙蜷虎卧几诗客；先生亦流寓，有长留天地，月白风清一草堂。"毛泽东左手轻托下颌，微弯的右臂背在身后，从容欣赏，还用轻微的声音诵读上联，脱口说道："是集杜句。"然后他走到西头看完下联，脸上露出了开心的微笑，赞赏地同周围同行者说："好!"

紧接着，毛泽东来到武侯祠。他先到碑亭详察了石碑，随后观看了二门和刘备殿的楹联。他对陪同的人说："你们走在前面，你们年轻，应该多看些。武侯祠内楹联随处可见，以诸葛亮殿前清末赵藩所题最负盛名。"赵藩此联是借诸葛亮治蜀针砭时弊的，全联为："能攻心，则反侧自消，从古知兵非好战；不审势，即宽严皆误，后来治蜀要深思。"毛泽东非常认真地看了此联，反复吟诵。直到晚年，他还提议让主政四川的领导好好研读此联。

欣赏楹联，毛泽东不仅从中看到文人们运用中国语言的艺术智慧，而且看到好的楹联传达出来的历史和政治智慧。

事实上，毛泽东也是写楹联的能手。他早年游学，拜访湖南安化县饱学先生夏默庵，夏默庵写了"绿杨枝上鸟声声，春到也，春去也"一句原对放在桌上，以测来人学问深浅。毛泽东见后以"清水池中蛙句句，为公乎，为私乎"相续，博得连声称赞。后来，他写的许多悼念性对联，都是很出色的。

巧读古典小说

爱看《水浒传》这样的造反旧小说

　　毛泽东从八岁到十六岁，一直在韶山的私塾读书，中间有一年左右的时间曾停学在家里干农活。因此，他后来说自己早年读了六年书，有时候说自己读了七年的"孔夫子"，因为在私塾里学的，都是"四书""五经"这类传统儒家启蒙读物。

　　然而，少年毛泽东并不喜欢当时那些中规中矩的启蒙教材。1936 年，他对美国记者斯诺回忆说：

　　我爱看的是中国旧小说，特别是关于造反的故事。我很小的时候，尽管老师严加防范，还是读了《精忠传》《水浒传》《隋唐》《三国》和《西游记》。这位老先生讨厌这些禁书，说它们是坏书。我常常在学堂里读这些书，老师走过来的时候就用一本正经书遮住。大多数同学也都是这样做的。许多故事，我们几乎背得出，而且反复讨论了许多次。关于这些故事，我们比村里的老人知道得还要多些。他们也喜欢这些故事，常常和我们互相讲述。我认为这些书大概对我影响很大，因为是在容易接受的年龄里读的。我继续读中国旧小说和故事。

他当时爱读的旧小说，实际上都属于传奇小说。或者是历史传奇，或者是神话传奇，主人公都是英雄人物，而《水浒传》，更明显是写"造反的故事"。

《水浒传》里英雄好汉们形形色色的传奇经历，在江湖上"该出手时就出手"的豪放性格，还有令人神往的兵器和武艺，对于受到韶山冲那片封闭土地的束缚，受到逐步发迹而又有些专制的父亲的严格管束，以及耳闻目睹旧社会种种不平等现象的少年毛泽东来说，无疑有着极大的吸引力。因此，他明确讲："我爱看的是中国旧小说，特别是关于造反的故事。"他敬佩和向往英雄好汉的义气、侠行、胆识、才干，多少是以艺术欣赏的方式，不自觉地在实现自我角色的转换和情感价值的认同。

后来他还谈到过在与父亲发生冲突时，他把父亲比作《水浒传》中的贪官，而自己无疑是梁山上那群"替天行道"的好汉。事有凑巧，这种转换和认同，就在毛泽东津津乐道《水浒传》等小说故事的那段时间里，竟在现实生活中发生了。他的家乡附近，真的有个姓彭的铁匠聚起一帮人和官兵们对着干，算是农民暴动吧。这件事情，用毛泽东后来的话来说，"影响了我的一生"。

毛泽东继续同斯诺讲道："有一天我忽然想到，这些小说有一件事情很特别，就是里面没有种田的农民。所有的人物都是武将、文官、书生，从来没有一个农民做主人公。对于这件事，我纳闷了两年之久，后来我就分析小说的内容。我发现它们颂扬的全都是武将，人民的统治者，而这些人是不必种田的，因为土地归他们所有和控制，显然让农民替他们种田。"

　　看来，读《水浒传》，真的在少年毛泽东身上起了作用，改变了他观察世界的角度。他不得不正视一个事实：自己接触的都是长年辛劳的农民，而文学作品竟不以他们为主角，既然人生存的首要条件是吃饭，那么种地的农民就应该是社会生存中最重要的角色，可在古代小说的天地里却没有他们的位置。这实在太不公平了。小说与社会之间的关联，就这样自然地在毛泽东心中系在了一起。于是，他常常对小朋友说："我们长大了也要写书，写农民的书。"

　　可以说，毛泽东对《水浒传》这部小说的阅读和关注，贯穿了他的一生。

　　在他的少年时代对他影响最大的读物就是《水浒传》。在主持新民学会期间，他建议同学、会友读一读《水浒传》。在大革命时期从事农民运动的时候，他谈起过《水浒传》和宋江的造反。在江西苏区的艰苦斗争环境里，《水浒传》是他爱读的作品之一。长征途中打下一座县城后，《水浒传》是他急于要找来一读的书，以至警卫员匆忙给他抱来一个"水壶"。1938 年，他对人说《水浒传》是中国人必读的三部古典小说之一。他在延安期间丰富的著述中，《水浒传》里的故事是他经常引用的例子。新中国成立后，《水浒传》是他书架上的必备之书。即使是 1974 年后在身体健康状况不佳和视力大减的情况下，《水浒传》仍是他爱读的书，并几次同人谈论他的看法。

读书有法
毛泽东的读书故事

把颠倒的历史重新颠倒过来

成为职业革命家以后，毛泽东对《水浒传》等旧小说的认识深化了。

1925 年至 1927 年，在国共两党合作推进的大革命洪流中，毛泽东把主要精力放在农民运动上面。他认为农民问题是国民革命的中心和关键，希望农民运动蓬勃开展起来，改变现实的社会秩序，进而改变他小时候深切感受到的，"从来没有一个农民做主人公"的不平等处境。这样，中国历史上的农民起义以及《水浒传》这样的描写农民起义的小说，便成为毛泽东传播自己观点的材料。

他的一个基本观点是：封建社会的政治是地主阶级的政治，中国历史上任何一次造反起义运动所代表的都是农民利益，因此他们的失败是不可避免的。《水浒传》描写的内容也说明了这一情况。1926 年在广州农民运动讲习所讲课时，毛泽东就举例说，梁山泊宋江等人英勇精明，终不能得天下者，以其代表无产阶级利益，不容于现时社会，遂致失败。但是，他们虽然失败了，却促成了朝代的更换，历史的变迁。中国皇帝崩溃，就是农民起来了，有领袖出来组织造反。

与此相应，中国封建社会的政治特征反映在文化上，也是站在统治者立场上的。所以，在1926年广州农民运动讲习所讲课时，毛泽东告诉学生：中国的历史甚多，而小说史如《三国》《水浒》等，我们都是看过的。昔人的思想，多偏袒统治者及地主阶级。我们是革命者，这种思想是不可要的。……我们要造一个锄头，这个锄头，马克思已经造出来了，即唯物史观。

毛泽东认为，如果没有民众拥护，帝王将相一点力量也没有。可古代小说的世界却是另外一番模样，主人公基本上是帝王将相。即使是《水浒传》这样的被毛泽东看成是农民起义的小说，在作者塑造的一百零八位梁山好汉中，真正的农民是那位以锄头为武器的陶宗旺，勉强属于农民的也不过是以打猎为生的解珍、解宝兄弟，以打鱼为生的阮氏三兄弟等少数几个。没有怎么看到靠种田为生的穷苦人家成为主要英雄，毛泽东是有些遗憾的。

1927年农民运动的蓬勃发展，使毛泽东看到了改变这种被颠倒的世界的希望。他在1927年3月写的《湖南农民运动考察报告》中，欣喜地描绘道："农民在乡里造反，搅动了绅士们的酣梦。乡里消息传到城里来，城里的绅士立刻大哗。"到底是什么样的消息呢？原来是乡里的一切权力归了农会。"四个月前被一般人看不起的所谓'农民会'，现在却变成顶荣耀的东西。从前拜倒在绅士权力下面的人，现在却拜倒在农民权力之下。无论什么人，都承认去年十月以前和十月以后是两个世界。"世界之所以是两个，是因为被颠倒的世界现在又颠倒过来了。几亿农民正在朝向着解放的道路迅速奔跑。

回看《水浒传》，毛泽东希望在小说里尽量挖掘出与现实世界发生的事情相吻合的内容。1944 年 1 月，他看了延安平（京）剧编演的《逼上梁山》，连夜给编剧、导演写信祝贺：

看了你们的戏（根据《水浒传》所述林冲上梁山经过改编的京剧《逼上梁山》——引者注），你们做了很好的工作，我向你们致谢，并请代向演员同志们致谢！历史是人民创造的，但在旧戏舞台上（在一切离开人民的旧文学旧艺术上）人民却成了渣滓，由老爷太太少爷小姐们统治着舞台，这种历史的颠倒，现在由你们再颠倒过来，恢复了历史的面目，从此旧剧开了新生面，所以值得庆贺。

实际上，《水浒传》里的林冲，肯定算不得农民。毛泽东之所以赞赏该剧把颠倒了的历史重新颠倒过来，认为是在《水浒传》这部小说题材里挖掘出了历史的真髓，其着眼点在于林冲从忍受走向反抗的过程，和他 1927 年看到的农民运动发展起来的过程，有些类似。

到了晚年，毛泽东再次谈到《水浒传》时，也就格外反感宋江接受招安。因为，宋江把已经颠倒过来的世界，又颠倒过去了。1975 年 8 月，他说："宋江投降，搞修正主义，把晁（盖）的聚义厅改为忠义堂，让人招安了。""这支农民起义队伍的领袖不好，投降。李逵、吴用、阮小二、阮小五、阮小七是好的，不愿意投降。""鲁迅评《水浒》评得好，他说：'一部《水浒》，说得很分明：因为不反对天子，所以大军一到，便受招安，替国家打别的强盗——'不替天行道'的强盗去了。终于是奴才。'"

没有法子，才上梁山

　　毛泽东一生与《水浒传》这部小说很有缘。他在文章和讲话中，对水浒的故事和人物经常是信手拈来，娓娓道来，借此传达他对革命和建设实践中一些问题的思考和主张。他在革命年代总是说，中国共产党搞革命，就像《水浒传》里的英雄好汉一样，是"逼上梁山"的。

　　《水浒传》描绘了一个根本的历史事实——"官逼民反"，这是毛泽东解释20世纪中国农民革命历史必然性最通俗的例证，并赋予它历史唯物主义的思想内涵，这就是阶级压迫必然导致阶级反抗。在大革命高潮中，他说农民们的"造反有理"，因为这是"逼出来的"。他经常把自己带队伍上井冈山比作是"没有法子，被逼上梁山"。在新中国成立后，谈起自己的革命生涯，谈起中国为什么会出现革命，他往往都要谈到一个"逼"字。

　　1964年1月，毛泽东同安娜·路易斯·斯特朗谈话讲道："革命者并不是一开始就是革命者的，他们是被反动派逼迫革命的。……每次起义都是被逼上梁山的。他（指起义者——引者注）并不想去，但压迫者使他无路可走。"这段话所表达的主要意思，也是一个"逼"字。他还说，革命家是怎样造就出来的呢？他们不是一开始就成为革命者的，他们是被反动派逼出来的。"我原先是湖南省的一个小学教员……我是被逼迫这样的。反动派杀死了很多人民。"最后他用《水浒传》的故事作了一个总结："每个造反者都是被逼上梁山的。"

毛泽东领导秋收起义，带队伍上井冈山，由此开创了工农武装割据，建立农村根据地，以农村包围城市最后夺取城市的中国革命道路，不能说是从什么书上学来的，而是毛泽东在实践中艰苦探索的结果。

1927年大革命失败，在开展农民武装斗争至关重要的时候，毛泽东特别谈到"土匪"问题，说对他们只是"利用"是不对的，只要我们实行土地革命，就一定能领导他们，应将他们视为自己的兄弟，而不是客人。这个时候，瞿秋白曾要他到上海党中央机关工作，毛泽东回答说："我不愿意跟你们去住高楼大厦，我要上山结交绿林朋友。"秋收起义后，毛泽东在文家市召集受挫的部队，坚决反对一些起义军领导人想去攻打长沙的主张，下决心把部队引向罗霄山脉中段（那时还不知道有"井冈山"这个名字），建立根据地。他在分析向山区发展的可能性时，曾举历史上的山大王的例子。他说，大家知

读书有法
毛泽东的读书故事

道，历史上每一个朝代里都有山大王，可从来没有听说有谁把山大王彻底剿灭过。山大王没有什么主义，可我们是共产党，既有主义又有政策，山大王和我们比不上，那么，敌人怎么能消灭我们呢？

毛泽东领导队伍上"山"以后，他既反对盲目攻打大城市的冒险主义，强调割据，认为"山区是敌人始终无法争取的"；又反对单纯游击的流寇主义，认为"历史上黄巢、李闯式的流寇主义，已为今日的环境所不许可"。

在革命道路的设计上，毛泽东始终主张在条件成熟的地方，分别建立一块一块的红色根据地，逐步连成一大块，形成对城市的包围之势。这样，他在井冈山期间读《水浒传》这样的作品，也不能说是读着玩儿的了。

后来，他还专门从这个角度谈到过《水浒传》这部小说的重要特点。他说："《水浒传》要当作一部政治书看。它描写的是北宋末年的社会情况。中央政府腐败，群众就一定会起来革命。当时农民聚义，群雄割据，占据了好多山头，如清风山、桃花山、二龙山等，最后汇集到梁山泊，建立了一支武装，抵抗官军。这支队伍，来自各个山头，但是统帅得好。"

革命高潮到来之前，总有一个分散的准备过程，革命力量的壮大，总是从一地一股、许多个山头的星星之火开始发展起来的。中国共产党领导的革命，何尝不是如此呢？在土地革命时期，中国共产党就在各地分别建立了十几个大大小小的根据地，最后汇聚到延安。在抗日战争和解放战争中，中国共产党又建立十几个大大小小的根据地和解放区，最后连成一片，汇聚北京，统一了全中国。中国革命的道路和《水浒传》描绘的路线，是多么相似啊！

梁山好汉的策略和胆识

　　作为非世出的军事家，毛泽东是名副其实的秀才领兵，他自学成才，虽然没有受过正规的军事训练，但他却在战争中学会战争。上井冈山前后，他打过胜仗，也打过败仗。他早年读过的一些书，不论是经典古籍，还是传奇小说，如《左传》《曾胡治兵语录》《三国演义》《水浒传》等，都曾经给他的战争生涯以最初的启发。

　　例如，毛泽东的军事名著《中国革命战争的战略问题》在论述"战略退却"的时候，就引用了林冲打败洪教头的故事："谁人不知，两个拳师放对，聪明的拳师往往退让一步，而蠢人则其势汹汹，劈头就使出全副本领，结果却往往被退让者打倒。""《水浒传》上的洪教头，在柴进家中要打林冲，连唤几个'来''来''来'，结果是退让的林冲看出洪教头的破绽，一脚踢翻了洪教头。"《水浒传》第九回"柴进门招天下客，林冲棒打洪教头"，讲的就是这个故事。

1938 年在一次关于保卫工作的讲话中，毛泽东说，《水浒传》梁山上有军队，有政府，也有保卫侦察这些特务工作。一百零八位高级将领中就有做特务工作的。梁山的对面，朱贵开了一个酒店，专门打听消息，然后报告上面。如果有大土豪路过，就派李逵去拿了回来。

1945 年 4 月 24 日，在中共七大上，毛泽东讲道："城市工作要提到与根据地工作同等重要的地位……到城市去做秘密工作，不要像《水浒传》里的好汉，行不改名，坐不更姓，而是要改名换姓。梁山泊也做城市工作，神行太保戴宗就是做城市工作的。祝家庄没有秘密工作就打不开，如果内部没有动摇，内部不发生问题，就很难解决问题。"

《水浒传》写了不少胆大敢为的英雄好汉，石秀就是其中的一个。其绰号为"拼命三郎"，有两个方面的意思：一是"路见不平，拔刀相助"的豪杰义气，二是拼着性命做事的勇敢果断。对于这两点，在《水浒传》第六十二回"放冷箭燕青救主，劫法场石秀跳楼"中描写得淋漓尽致。石秀只身进入北京，打探卢俊义被捕后的情况，不料正遇梁中书下令当天在十字路口斩杀卢俊义，书中接着写道："石秀在楼窗外看时，十字路口，周回围住法场，十数对刀棒刽子，前排后拥，把卢俊义押到楼前跪下。……人丛里一声叫道：'午时三刻到了！'"这时石秀心中只有一个念头，要救卢俊义的性命："就那一声和里，掣着腰刀在手，应声大叫：'梁山泊好汉全伙在此！'……从楼上跳将下来，手举钢刀，杀人似砍瓜切菜。走不迭的，杀翻十数个。一只手拖住卢俊义，投南便走。"石秀终因寡不敌众，和卢俊义一起被捕。

1957年3月，毛泽东在题为《坚持艰苦奋斗，密切联系群众》的讲话中说："我们要保持过去革命战争时期的那么一股劲，那么一股革命热情，那么一种拼命精神，把革命工作做到底。什么叫拼命？《水浒传》上有那么一位，叫拼命三郎石秀，就是那个'拼命'。我们从前干革命，就是有一种拼命精神。"

武松打虎，是《水浒传》里的精彩段落。毛泽东又是怎样引申这个情节的呢？他说："在野兽面前，不可以表示丝毫的怯懦。我们要学景阳冈上的武松。在武松看来，景阳冈上的老虎，刺激它也是那样，不刺激它也是那样，总之是要吃人的。或者把老虎打死，或者被老虎吃掉，二者必居其一。"

《水浒传》里也有反面教训，毛泽东时常引用的有两个。

一个是李逵的粗莽作风。毛泽东针对红军官兵中存在的不平等现象提醒说："那些李逵式的官长，看见弟兄们犯事，就懵懵懂懂地乱处置一顿。结果，犯事人不服，闹出许多纠纷，领导者的威信也丧失干净，这不是红军里常见的吗？"1959年2月2日在郑州召开的省、市、自治区党委书记会议讲话中，毛泽东又谈到李逵的缺点，说他不注意政策，在打破扈家庄时，杀了扈三娘家里不少人，所以李逵这个人还是有缺点的。

再一个是林冲上梁山时，曾遭受当时的寨主王伦拒绝。1955 年 10 月，在中共七届六中全会上，毛泽东作结论时讲到，对待犯错误的人，"要准许他继续革命"，不要心地褊狭，不能容人，搞孤家寡人，他说："不要当《水浒传》上的白衣秀士王伦，他也是不准人家革命。凡是不准人家革命，那是很危险的。白衣秀士王伦不准人家革命，结果把自己的命革掉了。"

三打祝家庄：解决矛盾的经典案例

　　《水浒传》第四十七回到五十回，围绕梁山义军同祝家庄豪强势力间的矛盾，书中展开有绘声绘色的叙述。"三打祝家庄"成为这部小说最著名的故事情节之一。毛泽东很喜欢这段故事，多次评论和发挥它的含义。

　　1937年，毛泽东在《矛盾论》里写道：

　　《水浒传》上宋江三打祝家庄，两次都因情况不明，方法不对，打了败仗。后来改变方法，从调查情形入手，于是熟悉了盘陀路，拆散了李家庄、扈家庄和祝家庄的联盟，并且布置了藏在敌人营盘里的伏兵，用了和外国故事中所说木马计相像的方法，第三次就打了胜仗。《水浒传》上有很多唯物辩证法的事例，这个三打祝家庄，算是最好的一个。

毛泽东的评论主要是立足于哲学角度，以说明要解决矛盾，首先要"从调查情形入手"，认识矛盾的特殊性。前两次打祝家庄失败，就是因为"情况不明，方法不对"。

　　1942 年 10 月，延安平剧院成立不久，毛泽东又指示让该院根据 1937 年他在《矛盾论》中对《水浒传》"三打祝家庄"故事的分析，创作剧本。1944 年 7 月初，剧院正式成立了《三打祝家庄》剧本小组，并从毛泽东那里借来了一百二十回本的《水浒传》，构思中又得到齐燕铭的帮助。毛泽东在听取创作汇报时，再次指示："该剧要写好这样三条：第一，要写好梁山主力军；第二，要写好梁山地下军；第三，要写好祝家庄的群众力量。"

　　1945 年 2 月 22 日，该剧在延安公演，毛泽东写信祝贺："我看了你们的戏，觉得很好，很有教育意义。"很明显，毛泽东在这里说的"教育意义"，已不单是在方法论方面，重点是各种力量在解决同一矛盾时的相互配合。

　　编导之一李伦，1945 年 10 月 2 日在《解放日报》发表文章便谈到其创作构思："我们认为这样两个观点是首先要确定的：第一，梁山与祝家庄的斗争应该是一个阶级斗争，在这个斗争里面应该表现出群众的力量。而《水浒传》却强调了梁山的'好汉集团'的性质，在具体斗争中也忽视了广大群众，只强调了英雄好汉个人的作用。第二，'三打祝家庄'这一段是以农民战争的史实来表现一个运用政策的范例，在这里面应该写出运用政策的主动性及其重大的效果，应该写出一些可做范例的地方供人思考。而《水浒

读书有法
毛泽东的读书故事

传》上却把政策写成是太偶然的，有时又写成是毫不自觉的。"

根据这两点，编导仔细研究了原有的素材和类似的农民战争的实例，写出了提纲和草稿。时任中央城市工作部负责人彭真谈的观后感或许是有代表性的，他说《三打祝家庄》的演出证明平剧可以很好地为新民主主义、为人民服务，特别是第三幕对于抗日斗争中收复敌占区城市的斗争，是有作用的。对《水浒传》里"三打祝家庄"故事的意义的这种引申，显然与当时面临的主要斗争任务有关。

1942年11月12日，毛泽东在一次讲话中再次讲到"三打祝家庄"的故事。他借用"三打祝家庄"的故事，强调统一战线的重要性，强调合法的斗争和秘密的斗争必须结合起来，因为"堡垒最容易从内部攻破"，孙新、孙立等假装向祝家庄投降，里应外合，最后破了这个庄子，恰恰说明了这一点。

1959年2月2日，为克服"大跃进"运动中出现的弊端，毛泽东在郑州召开的中央会议上，再次强调：

问题就是矛盾，要发现、认识、解决矛盾。从前讲过《水浒传》的"三打祝家庄"。这个戏现在又不唱了，我倒很喜欢，先前就有"探庄"那个戏，是个很好的戏，把它发展一下，就成了《三打祝家庄》。这个戏就是解决几个矛盾。头两次失败了，第三次，先解决第一个矛盾，由石秀化装去探庄，弄清了盘陀路，解决道路问题。解决第二个矛盾，就是分化三庄联盟，孤立祝家庄，祝家庄、扈家庄、李家庄，结成统一战线，扈三娘、李应都是很厉害的。结果是各个击破，先把李应拉过来，扈家庄是用武力解决的。解决第三个矛盾，就是对祝家庄这个内部堡垒情况不了解，这才有孙立的假投降，里应外合，最后打进去了。这是很好的戏，为什么不唱？我们过去搞革命战争，没有一次情况是清楚，条件不成熟就打了胜仗的。打败仗总是在情况不熟悉时打的。现在我们搞建设，要攻这个敌人，是新手，不会搞。

没有知识分子，就不能胜利

1945年4月，在中共七大上，毛泽东讲了下面一大段话：

一个阶级革命要胜利，没有知识分子是不可能的。你们看过《三国演义》《水浒传》，魏、蜀、吴三个国家，每个国家都有每个国家的知识分子，有高级的知识分子，有普通的知识分子，那个穿八卦衣拿鹅毛扇子的就是知识分子；梁山泊没有公孙胜、吴用、萧让这些人就不行，当然没有别人也不行。无产阶级要翻身，劳苦群众要有知识分子，任何一个阶级都要有为它那个阶级服务的知识分子。奴隶主有为奴隶主服务的知识分子，就是奴隶主的圣人，比如希腊的亚里士多德、苏格拉底。我们中国的奴隶主也有为他们服务的知识分子，周公旦就是奴隶主的圣人。至于封建时代的诸葛亮、刘伯温，《水浒传》里的吴用，都是封建社会里的知识分子。因为整风审干，好像把知识分子压低了一点，有点不大公平。好像天平，这一方面低了一点，那一方面高了一点。我们这个大会，要把它扶正，使知识分子这一方面高一点。

在毛泽东关于知识分子的言论中，这是比较生动的一段，从中可看出他对事业团队结构的一种认知，即必须"有高级的，有普通的"两类知识分子参与其中。前者识时达变，有大局胸怀，能够从宏观上参与决策，制定战略，实际上已进入事业的领导层；后者是专业性的，即从事文化教育、科学技术和人文社会科学研究的知识分子。对党内知识分子，毛泽东常以"秀才"称之。秀才也有大小之别。毛泽东在前面提到的梁山好汉中的军师吴用和善于模仿别人字体的书法家萧让，便分别是梁山上"高级的"大秀才和"普通的"小秀才的代表。

群雄逐鹿，义军造反，总要形成以某个领袖人物为核心的相应的领导集团。出谋划策的智囊人物，用毛泽东的话来说即知识分子，就是这个集团的必备人物。他们谋大局，帮助集团核心人物作出深谋远虑或当机立断的决策。战国时魏、赵、楚、齐的"四君子"，实际上就是君王的"首席顾问"。楚汉之争时刘邦集团的张良，三国时刘备集团的诸葛亮，《水浒传》梁山好汉中的吴用，元末朱元璋集团的刘伯温，明末李自成集团的牛金星、宋献策，都是这样的人物。最有意思的，是《说唐》《隋唐演义》描写的瓦

读书有法
毛泽东的读书故事

岗寨集团的那个徐茂公，其原型李勣，真名徐懋功，本为英勇善战的将领，不知怎么一来，在民间却变成了摇鹅毛扇的大秀才。大概是瓦岗寨故事在传播过程中，人们感到缺乏一位军师，便把他拿来充任，以后就定了型。传统文化对政治军事集团这种成员结构的期待和认同之深，由此可见一斑。

对事业团队这种成员结构的认同和期待，也反映在毛泽东的读史体会中。1975年，他同身边工作人员议论《资治通鉴》时说："秀才读书多，见识广，可以出谋划策，帮助取天下，治理国家，历代的名君都离不开秀才。"这里说的，自然是大秀才。

三国时曹魏集团的大秀才刘晔，有件事很让毛泽东欣赏。1966年3月，他在杭州一个小型会议上讲："曹操打过张鲁之后，应该打四川。刘晔、司马懿建议他打。刘晔是个大军师，很能看出问题。刘晔说刘备刚到四川，立足未稳。曹操不肯去，隔了几个星期，后悔了。曹操也有缺点，有时也优柔寡断。"《三国志》和《三国演义》，都写了这个事情。曹操的后悔，说明集团核心人物的决策并非事事皆善，需和大秀才的建议形成互补关系。

无论是正史，还是小说、演义，都注重这类人物形象的铺叙。《三国演义》中的诸葛亮、《水浒传》中的吴用等，是塑造得比较好的典型。毛泽东读这两部小说，印象自然较深。鉴于诸葛亮、吴用等在小说描写的军事和政治事件中发挥了重要的，有时甚至是举足轻重的作用，因此毛泽东提出："一个阶级革命要胜利，没有知识分子是不可能的。"
无产阶级要翻身，也必然如此。

　　毛泽东在 1945 年中共七大上讲这些话，是有特殊背景
的。"因为整风审干，好像把知识分子压低了一点，有点不
大公平……我们这个大会，要把它扶正。"诸葛亮、吴用这
类知识分子，便合乎逻辑地成了说明这个道理的例子。

从《三国演义》看战争

　　毛泽东从少年时代起就爱读《三国演义》。后来到了井冈山，开始领导中国革命战争，毛泽东便想再看看《三国演义》，于是派人到一户地主家里去找，结果一个农民说："没有了！没有了！昨天共了产。"意思是昨天把《三国演义》这类书分给别人或者烧掉了。1938 年 5 月 3 日，毛泽东在延安抗大讲话时，还很遗憾地谈起这件事。

　　为什么隔了十年的时间，还要谈及此事呢？因为在中央苏区时期，教条主义者在批判毛泽东的时候，曾说他虽然能指挥打仗，但不过是"把古代的《三国演义》无条件地当作现代的战术，古时的《孙子兵法》无条件地当作现代战略"。言下之意，是说毛泽东还缺少马列主义军事理论。毛泽东的回答也很鲜明，他说当年指挥打仗的时候，没有读到《孙子兵法》，但读了《三国演义》。

　　的确，毛泽东自从领导革命战争以后，在讲话和文章中，常常引用《三国演义》中的一些事例。

古田会议后，为了阐述宣传鼓动重于简单的命令，毛泽东给大家讲了《三国演义》中老将黄忠大败夏侯渊的故事：黄忠本来年老体衰，很难取胜夏侯渊，可是诸葛亮使用了"激将法"，把黄忠的勇气鼓动起来了，于是黄忠表示，如不斩夏侯渊于马下，提头来见。结果，黄忠果然杀了夏侯渊。

1936 年 12 月，毛泽东在《中国革命战争的战略问题》一书中，讲到"双方强弱不同，弱者先让一步，后发制人"，举了中国古代六个有名的战例，其中袁曹官渡之战、吴魏赤壁之战、吴蜀夷陵之战这三次战役，都是《三国演义》中用浓墨重彩着力渲染过的，分别见《三国演义》第三十回、第四十九回、第八十四回。

在《三国演义》塑造的人物中，毛泽东很推崇曹操、孙权和诸葛亮。早在 1913 年写的《讲堂录》里，他就说："天下无所谓才，有能雄时者，无对手也。以言对手，则孟德、仲谋、诸葛尚已。"在 1971 年 8 月 29 日同汪东兴的谈话中，毛泽东还谈到诸葛亮，他说："司马懿这个人，怀疑心很重，诸葛亮没有兵力守城，赵子龙一时又赶不回来，城内空虚，结果诸葛亮就对他用了空城计。"

通过读《三国演义》，毛泽东注意到战争给人类生存带来的巨大危害。他在谈话中，还算了一笔账："古代生产力水平很低，养兵过多，打起仗来，对经济的破坏确实很大。有时确实像蝗虫一样，飞到哪里就把哪里吃光。三国时董卓把长安到洛阳一带的人都杀光了，把洛阳完全毁灭了。"毛泽东从《三国演义》里看到了战争的残酷性及其对人口、对经济的破坏作用。

1957年11月在莫斯科期间，毛泽东请胡乔木、郭沫若及十来名工作人员一道吃饭时，毛泽东说："我们论三国，替古人担忧吧。"他随即与郭沫若纵谈三国历史，官渡之战、赤壁之战、夷陵之战，讲了诸多战例。你一段，我一段，夹叙夹议，谈到热烈处，毛泽东忽然转向翻译李越然问："说说，曹操和诸葛亮这两个人谁更厉害？"

李越然回答不出。毛泽东接着说："诸葛亮用兵固然足智多谋，可曹操这个人也不简单。唱戏总是把他扮成个大白脸，其实冤枉，这个人很了不起。"他又说："古时候打仗没有火箭和原子弹，刀枪剑戟打了起来，死人也不见得少。汉桓帝时有多少人口？"

郭沫若随口应道："《晋书·地理志》作五千六百万。"

毛泽东说："现在还统计不全，到处有不入户人口，那时就能统计全？估计算是五千六百万。到了三国混战还剩多少人口？"

郭沫若回答："史书载，黄河流域'户口骤减，十不存一'。三国合计，人口六七百万。"

"出门无所见，白骨蔽平原。"毛泽东引王粲《七哀诗》后说，曹操回原籍，"旧土人民，死丧略尽。国中终日行，不见所识"。

20世纪60年代初，毛泽东的案头有一套《三国演义》

的连环画册，毛泽东是认真读了的。他对卫士说："小人书不简单哪，言简意赅，道理也一目了然。"他还给尹荆山讲赤壁大战，讲夷陵之战，说孙刘联合一把火烧了曹操，烧出了一个三国鼎立。他还说刘备犯了错误，因为火烧连营死在白帝城，而诸葛亮安居平五路，稳定了蜀国形势。

读书有法
毛泽东的读书故事

共青团员为什么不能挂帅

毛泽东在湖南省立第一师范学校读书的最后一年，在《伦理学原理》批注中，有这样的话："吾人览史时，恒赞叹战国之时，刘项相争之时，汉武与匈奴竞争之时，三国竞争之时，事态百变，人才辈出，令人喜读。至若承平之代，则殊厌弃之。非好乱也，安逸宁静之境，不能长处，非人生之所堪，而变化倏忽，乃人性之所喜也。"可见，毛泽东早年就爱读《三国演义》，是基于该书"事态百变，人才辈出"。

人才涌现出来了，怎样把他们组织起来，运用起来，似乎更为关键。

毛泽东后来提出，读《三国演义》，"不但要看战争，还要看组织"。他对薄一波说，你们北方人刘备、关羽、张飞、赵云、诸葛亮，组织了一个班子南下，到了四川，同"地方干部"一起建立了一个很好的根据地。他用刘备建立蜀国的这个故事说明外来干部一定要同当地干部搞好团结，才能做出一番事业。

此外，毛泽东在讲话和文章中，还时常引用《三国演义》中的其他事例来说明正确处理干部人事关系的道理。

1957年，他在上海干部会议的讲话中说，刘备得了孔明，说是"如鱼得水"，确有其事，不仅小说上那么写，历史上也那么写，也像鱼跟水的关系一样。在小说里，诸葛亮可以未卜先知，呼风唤雨。但，毛泽东说即使是全智全能的人物，也有其局限性。1957年他在莫斯科共产党和工人党代表会议上的发言中说："任何一个人都要人支持。一个好汉也要三个帮，一个篱笆也要三个桩。荷花虽好，也要绿叶扶持。这是中国的成语。中国还有一句成语，三个臭皮匠，合成一个诸葛亮。单独的一个诸葛亮总是不完全的，总是有缺陷的。"

赤壁之战，是《三国演义》极力渲染的故事。《三国志》对此记载得非常简略，而小说则用了长达八回的篇幅，写了孙刘联盟的形成、周瑜和曹操隔江斗智、周瑜和诸葛亮逞才比高下以及火烧连船等。毛泽东很喜欢这段故事，特别注意其中几位主角的年龄和才干。

放手任用新人，是毛泽东的一贯主张。他时常举周瑜的例子来说明在选拔干部时，不能论资排辈，要看能力，要充分相信青年人，他们中绝大多数人是能胜任的。1953年6月30日，在接见中国新民主主义青年团第二次全国代表大会主席团成员时，毛泽东说道：

要选青年干部当团中央委员。三国时代，曹操带领大军下江南，攻打东吴。那时，周瑜是个"青年团员"，当东吴的统帅，程普等老将不服，后来说服了，还是由他当，结果打了胜仗。现在要周瑜当团中央委员，大家就不赞成！团中央委员尽选年龄大的，年轻的太少，这行吗？

1957年4月上旬，在四省一市省市委书记思想工作座谈会上，谈到要提拔党龄短、年龄轻但有能力的干部时，毛泽东说："赤壁之战，程普四十多岁，周瑜二十多岁，程普虽是老将，不如周瑜能干。大敌当前，谁人挂帅？还是后起之秀周瑜挂了大都督的帅印。孔明二十七岁成名，也未当过支部书记、区委书记嘛！也是个新干部嘛！赤壁之战以前无名义，之后才当军师、中郎将。古时候可以破格用人，我们为什么不可以大胆提拔？"

1958年5月8日，在中共八大二次会议上，他又举周瑜为例，说程普是老将，孙权打曹操不用他，而用周瑜做都督。程普不服，但是周瑜打了胜仗，周瑜死时才三十六岁。

《西游记》里唐僧师徒的个性和信仰

　　明代作家吴承恩的长篇神话小说《西游记》，基本上反映的是远离现实生活的虚幻世界。如果仅凭直觉体验，则很难从中读出现实内容。鲁迅在 1924 年的《中国小说的历史变迁》中，就谈过这样的阅读体验："因为《西游记》上所讲的都是妖怪，我们看了，但觉好玩，所谓忘怀得失，独存鉴赏了。"

　　五四以前，关于《西游记》的宗旨，虽议论纷纷，但大体也不过是"劝学""谈禅""讲道"之类，由于作者笔调幽默、滑稽，因此对这些宗旨，读者也是"无所容心"的。在五四以后的新文学运动中，对《西游记》的主题作了较多阐释的是胡适。他经过大量考证，确认这部书"起于民间的传说和神话，并无'微言大义'可说……至多不过是一部很有趣味的滑稽小说，神话小说"。鲁迅也认为，这部神魔小说"实不过出于作者之游戏"。

读书有法
毛泽东的读书故事

毛泽东读《西游记》，却常常看出它的别样价值。

这部小说，在艺术形象的塑造上，把神性、人性和动物特征结合起来，是很成功的。孙悟空、猪八戒已成为中国文学史上不可多得的典型。唐僧师徒四人在取经途中，在认识问题、解决问题以克服重重困难方面，各有不同的方法，各有不同的心理活动，也各有不同的贡献。他们的个性，也由此展现出来。同时，不同个性的差异，导致这个团体有很多矛盾，他们经常发生争吵，但最终还是同心同德地向西迈进。

毛泽东读《西游记》，很注意这方面的描写。核心的一点，就是他认为这个团体既有共同遵守的"党性"，又有各不相同的"个性"，最重要的是他们有坚定的信念，始终朝着一个目标前进不止。

1938年4月，在延安抗大第三期学员毕业典礼上的讲话中，毛泽东要求学员应具有"坚定正确的政治方向，艰苦奋斗的工作作风，灵活机动的战略战术"。接着，他笑谈《西游记》的人物，用比喻强调这三句话的重要性：唐僧这个人，一心一意去西天取经，遭到九九八十一难，百折不回，他的方向是坚定不移的。但他也有缺点，麻痹，警惕性不高，敌人换个花样就不认识了。猪八戒有许多缺点，但有一个优点，就是能吃苦，臭柿胡同就是他拱开的。孙猴子很灵活、很机动，但他最大的缺点是方向不坚定，三心二意……毛泽东还特地提到了那匹白马，他说："你们别小看了那匹小白龙马，它不图名，不为利，埋头苦干，把唐僧一直驮到西天，把经取了回来，这是一种朴素、踏实的作风，是值得我们效法的。"

据身边工作人员回忆，毛泽东曾多次与不同的人谈到，唐僧、孙悟空、猪八戒、沙和尚，他们一起到西天取经，虽然中途闹了点不团结，但是经过相互帮助，团结起来，终于克服艰难险阻，战胜了妖魔鬼怪，到达了西天，取来了经，成了佛。读《西游记》，就是要看到他们有个坚定的信仰。

有一个坚定的信念，朝着一个目标，团结一致，坚持奋斗，最后总会成功的，这是毛泽东对《西游记》宗旨的一个解读，也是他读《西游记》的一个重要视角。

神话世界其实也反映着现实

对于如何理解《西游记》的主题，毛泽东是有自己的倾向的。在他看来，小说写的神仙世界，与现实生活有关。

毛泽东在《矛盾论》中说过一段话：

神话中的许多变化，例如《山海经》中所说的"夸父追日"，《淮南子》中所说的"羿射九日"，《西游记》中所说的孙悟空七十二变和《聊斋志异》中的许多鬼狐变人的故事等等，这种神话中所说的矛盾的互相变化，乃是无数复杂的现实矛盾的互相变化对于人们所引起的一种幼稚的、想象的、主观幻想的变化，并不是具体的矛盾所表现出来的具体的变化。……神话或童话中矛盾构成的诸方面，并不是具体的同一性，只是幻想的同一性。

从这里可以看出来，毛泽东认为，神话或童话中的人物，只不过是现实生活的延伸，是人们在现实生活基础上幻想的产物。

1956 年《西南文艺》刊登了一篇题为《试论〈西游记〉的主题思想》的文章，认为《西游记》的作者"借神佛妖魔讽刺揶揄当时世态，反映了封建社会的丑恶本质；借孙悟空这个英雄形象，反映了在封建统治者压迫下的中国人民，在阶级斗争中，坚持反抗，在生活斗争中，征服自然、克服困难的伟大的创造能力"。毛泽东读后在这段话下面画了着重线，有的地方还画了两道，表明他是重视这个分析的。作为一个大国领袖，在日理万机之余，详读一本地方文艺刊物所载关于古代神话小说的评论文章，这本身就是一件很有趣味的事情。

毛泽东还特别欣赏著名作家张天翼在 1954 年 2 月《人民文学》上发表的一篇题为《〈西游记〉札记》的长篇论文，根据这篇文章的一个重要观点，毛泽东还进一步提出，不读第七回以后的章节，不足以总结农民起义的规律和经验教训。这便强调了神话与现实的"同一性"联系。

《〈西游记〉札记》认为，《西游记》之前关于唐僧取经的故事所写的，一边是神，神是高高在上的统治者，上自天界，下至地府，无不对其俯首听命；一边是魔，偏偏要从那压在头上的统治势力下挣扎出来，直立起来，甚至要造反，天兵天将去收服，魔头们便同他们恶斗起来。"这就使我们联想到封建社会的统治阶级与人民——主要是农民——之间的矛盾和斗争。……到了《西游记》，我们甚至

读书有法
毛泽东的读书故事

于要猜想作者是多少有意识地来表现这一点的了。"

因为这个故事在流传过程中，老百姓已按照自己的意愿来描写、取舍和加工了。那么，《西游记》为什么写魔头孙悟空闹了一阵天宫后又失败了，并归顺而修成"正果"呢？该文解释说，究竟闹出怎样一个局面，起先连孙悟空也糊里糊涂，直到如来佛问起他，他才想到玉帝的尊位——"只教他搬出去，将天宫让与我，便罢了"。可见，即使孙悟空成功了，也不过是把玉皇大帝改姓了孙，就像刘邦、朱元璋之乘农民起义而爬上龙位一样。当时的作者们所见到的历史现实只能如此。于是，在前七回孙悟空造反不成，作者们就只看见这么两条路摆在孙悟空面前：或者是像赤眉、黄巾、黄巢、方腊他们那样，被统治阶级血腥镇压；或者是像《水浒传》里所写的宋江那样，接受招安。《西游记》写孙悟空走了后一条路。

张天翼这篇文章提出的这一观点，在新中国成立后到"文化大革命"前的《西游记》研究领域，是很有代表性的，即力图用历史唯物主义的观点来解释神话世界同现实社会的关系。正好《西游记》又描写了神魔之间叛逆与收服之间的斗争，人们就十分自然地用历史唯物主义中的阶级斗争观点来比较。这样的解释，恰恰吻合毛泽东关于神话传说的一贯看法，从而引起他的兴趣。

还有一个材料也可说明毛泽东的一贯思路。一次毛泽东在同一个阿拉伯国家访华代表团谈到人世间纷争不断的问题时，来宾们感慨万千。毛泽东接着提出一连串问题：伊斯兰教的真主是谁？谁是佛祖？谁是基督教的上帝？继而他又发挥说，按照中国道教的看法，天国还有一位众神之王，叫"玉皇大帝"，如此看来，天国也不会安宁，天上也要划分势力范围呀！在这充满想象力而又机趣含蓄的谈话中，体现出沟通人间与天国、现实与幻想的思路，说明五花八门的神仙和上帝，只不过是现实生活的延伸而已。

反官僚主义的英雄孙悟空

　　《西游记》里最为人知的莫过于美猴王孙悟空。他有七十二变，敢于和各种势力斗争，大闹天宫，是一个大无畏的叛逆者、反抗者。毛泽东读《西游记》，最注重大闹天宫的故事，最喜欢孙悟空这一形象，在讲话和文章中，他常常根据小说的情节和孙悟空的特点，来说明和比喻现实中的具体问题。

　　1942 年，毛泽东在他写的《一个极其重要的政策》中，借孙悟空化为一个小虫钻进铁扇公主的肚子里，来讲"钻进敌人肚子里面"去作斗争的方法。

　　1945 年，毛泽东参加重庆谈判。有一次，他去见陈立夫，从回忆大革命前国共合作的情景谈起，然后以孙悟空自比，批评了国民党十年内战的反共政策。他说："我们上山打游击，是国民党'剿'共逼出来的，是逼上梁山。就像孙悟空大闹天宫。玉皇大帝封他为弼马温，孙悟空不服气，自己鉴定是齐天大圣。可是你们连弼马温也不让我们做，我们只好扛枪上山了。"

1957年7月9日，他在上海干部会议的讲话中，谈到人要锻炼："孙悟空在太上老君的八卦炉里头一锻炼就更好了。孙悟空不是很厉害的人物吗？人家说是'齐天大圣'呀，还要在八卦炉里头烧一烧。不是讲锻炼吗？"

随着心境的变化，在毛泽东的视野里，《西游记》中的孙悟空越来越有突出的积极的价值，特别是反对官僚主义、教条主义、勇敢造反的意义。

1957年3月8日，在宣传"双百"方针、提倡帮助共产党整风的背景下，他同文艺界谈到真正的马克思主义者什么都不怕的时候说："孙悟空这个人自然有蛮厉害的个人英雄主义，自我评价是齐天大圣，而且傲来国的群众——猴子们都拥护他。玉皇大帝不公平，只封孙悟空作'弼马温'，所以他就大闹天宫，反官僚主义。"

1957年5月12日会见外宾时，毛泽东谈道："中国也有上帝，就是玉皇大帝。他官僚主义很厉害。有个最革命的孙猴子反对过他专制。这个猴王虽经历了不少困难，像列宁被抓了去一样被人家抓去，后来他又跳了出来，大闹一番。玉皇大帝是很专制的……一定会被打倒。孙行者很多，就是人民。"

不过，从《西游记》的描写来看，孙悟空的反抗性及不受拘束的个性，主要表现在前七回的描写中。后来，他被如来佛降伏后，为成佛，就保唐僧去西天取经，沿途降

读书有法
毛泽东的读书故事

妖捉怪，前后判若两人。他似乎也是不得已，因为头上有顶紧箍，毛泽东也注意到了这个问题。他在1958年的一次讲话中开玩笑说："猴子反教条主义，戴了紧箍，就剩下一半了。"

1966年7月给江青的信中，毛泽东说他的性格中"有些猴气"，不知道是不是从孙悟空性格中得到的启发。如果把"猴气"理解为不满现状、崇尚创造、不拘成规、追求变动、不搬教条、注重灵活、不求刻板庄重、习惯洒脱机趣，应该说是有些联系的。在毛泽东成为马克思主义者之前，他就坚信，"具体""鲜明""热烈"，是人类社会运动具有革命性和创造性的必要条件，由此他谈到自己的个性，"总难厉行规则的生活"。这大体也算是一种"猴气"吧。

行善即除恶，除恶即行善

《西游记》第二十七回是著名的三打白骨精的故事。之后，孙悟空被唐僧逐回花果山，接着便生出孙悟空作法，打死许多来花果山掠杀众猴的猎人的事情。

《西游记》第二十八回"花果山群妖聚义，黑松林三藏逢魔"写道：

> 大圣看了，教："小的们，都往洞内藏躲，让老孙作法。"
>
> 那大圣上了山巅看处，只见那南半边，冬冬鼓响，当当锣鸣，闪出有千余人马，都架着鹰犬，持着刀枪……大圣见那些人布上他的山来，心中大怒。手里捻诀，口内念念有词，往那巽地上吸了一口气，呼的吹将去，便是一阵狂风……将那碎石，乘风乱飞乱舞，可怜把那些千余人马，一个个……尸骸轻粉卧山场……人亡马死怎归家……

大圣按落云头，鼓掌大笑道："造化！造化！自从归顺唐僧，做了和尚，他每每劝我话道：'千日行善，善犹不足；一日行恶，恶常有余。'真有此话！我跟着他，打杀几个妖精，他就怪我行凶；今日来家，却结果了这许多猎户。"……大圣道："你们去南山下，把那打死的猎户衣服，剥得来家，洗净血迹，穿了遮寒……把死倒的马，拖将来，剥了皮，做靴穿，将肉腌着，慢慢的食用；把那些弓箭枪刀，与你们操演武艺……"

那大圣把旗拆洗，总斗做一面杂彩花旗，上写着"重修花果山，复整水帘洞，齐天大圣"十四字。竖起杆子，将旗挂于洞处，逐日招魔聚兽，积草屯粮，不题"和尚"二字。他的人情又大，手段又高，便去四海龙王，借些甘霖仙水，把山洗青了。前栽榆柳，后种松楠，桃李枣梅，无所不备，逍遥自在，乐业安居不题。

毛泽东读到这里，有一段批语：

"千日行善，善犹不足；一日行恶，恶常有余。"乡愿思想也。孙悟空的思想与此相反，他是不信这些的，即是说作者吴承恩不信这些。他的行善，即是除恶。他的除恶，即是行善。所谓"此言果然不差"，便是这样认识的。

这段对孙悟空的"快活"之语的批语，反映了毛泽东的善恶观。

就《西游记》的具体描写来看，唐僧师徒四人赴西天取经，目的是"劝人为善"，"消释灾愆"，获得佛门真谛，为善的宗旨是一致的。唐僧与孙悟空的分歧，是达到目的的手段不同。

　　作者一方面让孙悟空以自己的行动向唐僧的佛门善恶观挑战，一方面又让唐僧用紧箍咒（其实就是"善"）对孙悟空的行为严加约束。但小说情节给人具体的印象却是，唐僧以善求善，善既是目的，又是手段，但却遇重重阻力，寸步难行，不仅不能劝人为善，反而三番五次地险些丢掉自己的性命。可见唐僧的训诫和主张在实践中是一点用处也没有的。

　　基于此，毛泽东把唐僧的思想行为概括为连孔子都极力反对的"乡愿"思想。《论语·阳货》曰："乡愿，德之贼也。""乡愿"，即不问是非的好好先生的处世哲学，这确实是对唐僧性格分析的独到之见。所以，毛泽东看了一出《三打白骨精》的戏以后，写诗说："僧是愚氓犹可训，妖为鬼蜮必成灾。金猴奋起千钧棒，玉宇澄清万里埃。"

　　毛泽东反对"乡愿"哲学，是因为它不能鼓舞人们去战斗，反而可能放纵那些作恶不轨之徒。与此相反，孙悟空对妖魔主动出击，以除恶求善，且除恶务尽，不相信忍让和一味求善就能达到目的。事实上也正是因他的勇敢战斗，才使师徒四人不断向西天迈进，接近目的。毛泽东说过："善事、善人是跟恶事、恶人相比较，并且同它作斗争发展起来的。"这样的话他多次说过，并认为，现在我们把未来理想想得很美，可是未来到来时，人们会感到不满意，一万年以后社会上还有善恶，无恶即无善。

有意思的是，《西游记》里正好提供了理想世界中善恶并存的一个细节：唐僧师徒四人好不容易来到极美极善、庄严神圣的西天佛土，却意外遇到佛祖手下两个大弟子阿傩、迦叶"要人事"（索贿赂）而故意刁难他们的场面。善恶并存的永恒性，自然推导出斗争的永恒性。

搞不清本质，就无法降妖

1959 年 9 月 15 日，在各民主党派负责人座谈会上的讲话中，毛泽东引用《西游记》，讲了一大段话：

《西游记》上许多故事都讲到，开始时不知道是什么精在作怪，是蝎子精，还是蜘蛛精，还是从太上老君那里跑掉的一匹青牛？就是搞不清楚。只看现象，就搞不清本质；搞不清本质，就无法降妖捉怪。比如那条青牛，多厉害呀！（你们回去可请秘书找那个故事来看看）请来如来佛，他都没办法，他说他也不清楚，不是他那里的。玉皇大帝也没有办法。后来说到三十三重天的兜率宫那里去问问吧。老子住在这三十三重天上，不问政治，不参加玉皇大帝的国家组织，不做官，只炼丹，研究自然科学。结果是他的烧火娃娃青牛精偷跑下凡来作怪。查到这个原因，才整住他，请太上老君自己下来，把青牛收回去。这是讲《西游记》，单看现象是不能解决问题，要抓住问题的本质。

毛泽东在上面说的，是《西游记》第五十回"情乱性从因爱欲，神昏心动遇魔头"，第五十一回"心猿空用千般计，水火无功难炼魔"，第五十二回"悟空大闹金𧕥洞，如来暗示主人公"这三回里的故事。

唐僧师徒四人途经金𧕥山时，金𧕥洞独角兕大王趁孙悟空外出化斋之机，把唐僧等掠回洞里。孙悟空寻上门去与他交战，不仅不能取胜，金箍棒也被套了去。孙悟空奔上界请玉皇大帝查一下，是哪路神仙下凡作怪，结果"满天星斗，并无思凡下界"。玉帝只好让孙悟空挑几员天将下界捉魔。哪吒、火德星君、水德星君、李天王前去降魔，也先后败回，孙悟空只好去找如来佛。如来佛派众罗汉持金丹砂去降魔，结果也不顶事，金丹砂也被收了去。最后按如来佛的暗示，孙悟空又翻到三十三重天之外的离恨天兜率宫找太上老君，才知道那作怪的独角兕大王是从这里逃走的一头青牛，最后太上老君亲自出面才降了这魔。

这个故事在《西游记》里并不是特别出色的，但却给毛泽东留下很深的印象，从中引申出现象与本质的关系，提出解决问题，先要搞清本质，才能对症下药。这就有了方法论的意义。这个发挥，确实别具一格。

从《聊斋志异》读出不怕鬼的精神

谈到《聊斋志异》，最著名的就是毛泽东讲"不怕鬼"的故事和指导何其芳编选《不怕鬼的故事》一书。

1959年4月15日，毛泽东在第十六次最高国务会议通报当前的形势和党的大政方针，他回忆起1958年炮击金门的事时讲道：这是"我们祖国的土地"，我们有理由捍卫，别人（美国）管不着。所以，"我看要奋斗下去，什么威胁我们都不怕"。说到这里，毛泽东来了灵感，古代小说里不怕鬼的故事，成为他的语言素材：

《聊斋志异》里有一个狂生，晚上坐着读书，有个鬼吓他，从窗户口那个地方伸一个舌头出来，这么长，它以为这个书生就会吓倒了。这个书生不慌不忙，拿起笔把自己的脸画成张飞的样子，画得像我们现在戏台上的袁世海的样子，然后也把舌头伸出来，没有那么长就是了。两个人就这么顶着，你望着我，我望着你。那个鬼只好走了。《聊斋志异》的作者告诉我们，不要怕鬼，你越怕鬼，你就不能活，它就要跑进来把你吃掉。我们不怕鬼，所以炮击金门、马祖。

一番话，说得人们哄堂大笑。据会议记录，有六处注明"笑声"。

这是毛泽东在郑重的会议上，第一次讲"不怕鬼"的故事。在毛泽东看来，一切敌人、对手和困难，都属于"鬼"，只有不怕它，才能战胜它，克服它。

1959年5月6日，毛泽东、周恩来在中南海紫光阁会见11个国家的访华代表团和这些国家的驻华使节，他们要借此机会向国际表明中国对3月的西藏叛乱及随之陡然紧张的中印关系的态度。在周恩来、陈毅讲得差不多了的时候，毛泽东说了一番话："世界上有人怕鬼，也有人不怕鬼。鬼是怕它好呢，还是不怕它好？……经验证明鬼是怕不得的。越怕鬼就越有鬼，不怕鬼就没有鬼了。"

在这次谈话中毛泽东特别说道："中国的小说里有一些不怕鬼的故事。我想你们的小说里也会有的。我想把不怕鬼的故事、小说编成一本小册子。"接着，他又讲了《聊斋志异》里耿去病夜读，涂面伸舌与鬼相视的故事。

毛泽东对自己提出的"不怕鬼"的话题，似乎特别感兴趣。1959年5月10日晚上，在中南海勤政殿会见民主德国人民议院访华代表团，谈到西藏问题以及中印关系问题时，毛泽东说得很轻松："所以我们应该欢迎并迎接这种挑战，不要花多少力量就可以还击，不要用十个指头，用几个指头就行了。我对朋友们说，不要怕鬼，鬼是这样的，越怕它，它就越多；不怕它，它就没有了。你们德国文学中有无这种材料，说明有人怕鬼，有人不怕?"

毛泽东接着说："马列主义教我们别怕鬼。资本主义这个鬼确有其事，不过不要怕。希特勒是大鬼，蒋介石这个鬼也不小，在他以前还有袁世凯、清朝皇帝等鬼。"

言下之意，世界和中国的历史都表明，任何鬼都是可战胜的。

外宾中一个叫狄克曼的人接过了话头，指向了现实。他说："波恩也有个鬼，我们不怕它。"

毛泽东说："不怕鬼就好。如果以为怕鬼鬼就会退，那我就赞成鬼了。问题是越怕鬼，它越多。"

就是在这期间，毛泽东提议编选一部《不怕鬼的故事》。他把任务交给了当时属于中国科学院的文学研究所，并由时任所长何其芳具体负责。到这年夏天，《不怕鬼的故事》便基本编成了。何其芳把这个基本编成的小册子呈送给毛泽东，毛泽东是看了的。在一次中央工作会议上，他还选了其中的一部分故事，印发与会者。

1960 年，毛泽东指示何其芳，把已经编好的《不怕鬼的故事》的初稿再加以精选、充实。全书定稿后，何其芳请毛泽东为这本书写个序言。毛泽东让何其芳先起草一个，再给他看。这样，何其芳几易其稿，写了一篇近万字的序言。何其芳把这篇序言呈送给毛泽东，毛泽东看后，于1961年1月4日上午11时左右，在中南海颐年堂约见了何其芳。谈话中，毛泽东说道："除了战略上藐视，还要讲战术上的重视。对具体的鬼，对一个一个的鬼，要具体分析，要讲究战术，要重视。不然，就打不败它。"接着，毛泽东举了书中收入的《宋定伯捉鬼》和《妖术》两篇故事为例。说完这两篇故事，毛泽东特别叮嘱何其芳："你可以再写几百字，写战术上重视。"

何其芳回去后，根据毛泽东的意见对序言作了修改。1961年1月16日，他将修改的序言又寄给毛泽东。毛泽东收到这个修改稿时，正在北京主持召开中共八届九中全会。在1月18日的会议讲话中，他向与会者谈到了这本书，说："我也60多岁了，我就是不怕鬼。我们很快要出版一本不怕鬼的书。"

与此同时，毛泽东读了何其芳的这个序言修改稿后，又亲自执笔在结尾处以何其芳的口吻增写了一大段话，其中说：

难道我们越怕"鬼"，"鬼"就越喜欢我们，发出慈悲心，不害我们，而我们的事业就会忽然变得顺利起来，一切光昌流丽，春暖花开了吗？

姜子牙法宝的启示

　　《封神演义》又名《封神榜》《封神传》，是明朝一部白话长篇神魔小说。全书一百回，写商周之际武王伐纣的故事。商纣王暴虐，文王访贤，得姜子牙辅佐，各显道术，互有杀伤，纣王自焚，最终武王夺取天下，姜子牙将双方战死的重要人物一一封神。小说塑造了神机妙算的姜子牙、三头六臂的哪吒等一大批栩栩如生的神话人物形象。

　　对此书，毛泽东自幼熟读。他 1940 年给远在莫斯科的毛岸英、毛岸青送去一批书，便专门挑选《封神演义》。在讲话中，毛泽东经常引用《封神演义》中破阵要宝斗法的故事，来讲述重要道理。

　　1928 年在井冈山斗争期间，毛泽东就用《封神演义》中的人物形象来比喻灵活作战的红军，他说："《封神榜》上有个土行孙，还有个哪吒，他们都会腾云驾雾，上天入地。"

读书有法
毛泽东的读书故事

《封神演义》第三十八回"四圣西岐会子牙"，说姜子牙上昆仑山玉虚宫学法。1938 年 8 月 5 日，在对延安抗大第四期毕业学员讲话时，毛泽东就引用这个故事，把延安抗大比作昆仑山，是学法的地方，把即将毕业的学员们比作学了法的姜子牙。他讲道："你们现在在抗大毕了业，这还了得，好像在昆仑山上学了法，下山以后，一切鬼怪都可以收拾了。"他这番话引起学员们一阵会心的大笑。

　　1939 年 7 月 7 日，卢沟桥事变爆发两周年纪念日，华北联大在延安举行开学典礼，校长成仿吾请毛泽东作报告，毛泽东在演讲中说："当年姜子牙下昆仑山，元始天尊赠了他杏黄旗、四不像和打神鞭三样法宝。现在你们出发上前线，我也赠给你们三样法宝，这就是：统一战线，武装斗争，党的建设。"

　　《封神演义》讲姜子牙在昆仑山拜见元始天尊。元始天尊为助他伐纣兴周，赠他三件法宝：一是"四不像"神兽一匹，骑之可"三山五岳霎时逢"；二是"打神鞭"一根，可打各路妖魔鬼怪；三是"戊己杏黄旗"一面，旗内有简，简上有妙计，观简可逢凶化吉。在这里，毛泽东引用《封神演义》中姜子牙这段的故事，借题发挥，"三件法宝"的说法让人印象十分深刻。

　　1939 年 10 月 4 日，毛泽东在《〈共产党人〉发刊词》一文中，正式把统一战线、武装斗争、党的建设概括为中国共产党在中国革命中战胜敌人的"三个法宝"。从此，原始天尊送给姜子牙的"三大法宝"，成为有新内涵的固定词语，广为人知。可以说，这是毛泽东古为今用，将读文学作品获得的知识和智慧灵活用于实践斗争的一个典型范例。

1939年12月9日，延安各界举行一二·九运动四周年纪念大会，毛泽东在讲话中再次引用《封神演义》中的故事："大家都光起眼睛看着：什么人不开放民主？什么人要分裂？什么人要投降？什么人要倒退？《封神演义》里有一个申公豹，是姜子牙的不肖师弟，他脸向后长，眼朝后看。现在在抗战阵营中，就隐藏有这么一群'申公豹'，一批专门倒退的人，他们拖住中国要倒退……不准他们投降，要坚持抗战；不准他们分裂，要坚持团结；不准他们倒退，要坚持进步。这一群'申公豹'，看他们怎样收场！"用申公豹来比喻政治上的倒退者，实在太形象了。

新中国成立后，毛泽东在多个场合谈到过《封神演义》。

1955年3月，在中国共产党全国代表会议上，毛泽东讲道：

世界上的事情，总是一物降一物，有一个东西进攻，也有一个东西降它。看《封神榜》就知道，哪有一个"法宝"是不能破的呀？那样多的"法宝"都破了。我们相信，只要依靠人民，世界上就没有攻不破的"法宝"。

1958年5月8日，在中共八大二次会议上的讲话中，为破除迷信，解放思想，毛泽东拿哪吒打比方。他说：

读书有法
毛泽东的读书故事

"《封神演义》里的哪吒，本领很了不起，他是托塔天王李靖的儿子，也是个年轻人，他是天不怕地不怕，什么也不怕的。"

担任过浙江省公安厅厅长的王芳，在其回忆录里记下了一次陪毛泽东在杭州爬玉皇山的经历：

一次，我陪主席去爬玉皇山。那时山顶上的庙里有周武王、姜太公和哪吒、玉皇大帝等塑像，都是历史神话小说《封神演义》中的主要人物。主席看了问我："《封神演义》你看过没有？"我说："在家读中学时看过。""你知道殷纣王为什么被周武王打败？"我说："纣王宠信妲妃，乱了朝政。"主席说："不对。纣王失败的主要原因是在军事上采取分兵把守、消极防御的办法。而周武王用的是集中优势兵力、各个击破的办法。所以纣王败了，周武王胜了。"主席又说："看来蒋介石没有看过《封神演义》，要么看了没有真正看懂。蒋介石搞的就是分兵防守的办法，我们用的就是集中优势兵力的办法，所以被我们打败了。"

正如后来王芳自己所感受的那样："主席博古通今，为我所用，随便抓住一个话题，常常给人以深刻的启迪。"确实如此，毛泽东总是能从读书中获得智慧，并灵活用于现实，启迪人思考。

《红楼梦》：要读五遍才有发言权

在中国古典小说中，最令毛泽东倾心的，无疑是《红楼梦》。直到晚年，他还一而再，再而三地建议高级干部读《红楼梦》，还说要读五遍才有发言权。

说起来，还有一桩有趣的逸事。开国上将许世友听说毛泽东提倡读《红楼梦》，还要读五遍，有些想不通，认为那是一部"吊膀子"的书，有什么必要读呢？这个话大概也传到了毛泽东耳里，他才在 1973 年 12 月召开中央军委扩大会议的时候，当面对许世友说了一段话。毛泽东说：

> 许世友同志，你现在也看《红楼梦》了吗？要看五遍才有发言权呢。……中国古代小说写得好的是这一部，最好的一部。创造了好多文学语言呢。

许世友回到南京后，毛泽东还托人给他带去一本大字

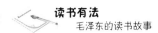
读书有法
毛泽东的读书故事

本《红楼梦》，看来是督促他继续阅读。

据目前看到的材料，在毛泽东笔下第一次出现《红楼梦》中的文字，是1913年做的《讲堂录》笔记。里面记有《红楼梦》里的"意淫"之说，以及第五回"贾宝玉神游太虚境，警幻仙曲演红楼梦"里"世事洞明皆学问，人情练达即文章"的相关文字。

在井冈山时，有一次，贺子珍谈起她喜欢《三国演义》《水浒传》，不喜欢《红楼梦》。她说："《红楼梦》里尽是谈情说爱，软绵绵的，没有意思。"毛泽东一听，就反驳说："你这个评价不公正，这是一本难得的好书哩！《红楼梦》里写了两派，一派好，一派不好。贾母、王熙凤、贾政，这是一派，是不好的；贾宝玉、林黛玉、丫环，这是一派，是好的。《红楼梦》写了两派的斗争。我看你一定没有仔细读这本书，你要重读一遍。"

1938年4月28日，毛泽东在鲁迅艺术学院的讲话中，第一次表达了对《红楼梦》艺术成就的总体评价。他说："《红楼梦》这部书，现在许多人鄙视它，不愿意提到它，其实《红楼梦》是一部很好的小说，特别是它有极丰富的社会史料。"《红楼梦》好在哪？毛泽东还举了一个例子："比如它描写柳湘莲痛打薛蟠以后便'牵马认镫去了'，没有实际经验是写不出'认镫'二字的……艺术家固然要有伟大的理想，但像上马鞍子一类的小事情也要实际地研究。"

在1956年的《论十大关系》中，毛泽东在谈到中国和外国的关系、中国的缺点和优点的时候，说过这样的话：我国"除了地大物博，人口众多，历史悠久，以及在文学上有部《红楼梦》等等以外，很多地方不如人家，骄傲不起来"。毛泽东对《红楼梦》评价之高，可以说是无以复加了。

1954年3月，毛泽东在杭州和人谈起《红楼梦》，便说他已经看过五遍。在这以后，他继续阅读《红楼梦》。据李锐回忆，1958年1月南宁会议后不多久，一天晚上，他到丰泽园毛泽东的住所，谈论关于《工作方法六十条》的草稿等，漫谈很久。上卫生间时，他看到一张方凳上放着一本翻开的线装《红楼梦》，可见此书不离毛泽东左右。

毛泽东身边工作人员回忆："毛泽东逝世后，我们整理翻阅他中南海故居（包括在丰泽园住地和后来的游泳池住地）里的全部图书，从中看到，有线装木刻本《红楼梦》，也有线装影印本、石刻本，还有各种平装本，一共有二十种之多。"

毛泽东说，《红楼梦》的"语言是古典小说中最好的，人物也写活了"。在讲话作文中，他经常引用书中的语言来表达自己的观点。

《红楼梦》第六回"贾宝玉初试云雨情，刘姥姥一进荣国府"中，凤姐向前来求告的穷亲戚刘姥姥哭穷："外头看着虽是烈烈轰轰的，殊不知大有大的艰难去处。"毛泽东很欣赏这句话，作比喻时，不止一次引用过。例如，1963年9月28日，在中央工作会议上谈到国际形势时说："我总相信《红楼梦》上王熙凤说的那句话，'大有大的难处'。现在，美、苏两国都很困难……不要忘记这一点。还是《红楼梦》上冷子兴说的，'百脚之虫，死而不僵'。"

《红楼梦》第六十八回"苦尤娘赚入大观园，酸凤姐大闹宁国府"中，凤姐发觉贾琏偷娶尤二姐，到宁国府撒泼一事，当时她的长篇讲话中有一句："俗语说：'拼着一身剐，敢把皇帝拉下马。'"这话毛泽东很感兴趣，在谈话、开会时，不止一次引用过。在中共八届二中全会上的讲话中他曾说过"舍得一身剐，敢把皇帝拉下马"。几个月之后，在中国共产党全国宣传工作会议上的讲话中，谈到整风的时候，他又引用了这句话。经过他的一再引用，后来这句话流播很广。

毛泽东最集中引用《红楼梦》里的语言警句，是1973年11月17日同周恩来等人的一次谈话：

切记不要忘记凤姐说的话：大有大的难处。刘姥姥向她要钱，听了这个话就冷了半截。后头又转弯，说皇帝也有三门子穷亲戚，不要让你空手回去了。给了她二十两银子。刘姥姥一听，通身都发热，说："你老拔一根汗毛比我们的腰还壮呢！"……许世友反对读《红楼梦》，说尽是吊膀子。你没有看，怎么知道是吊膀子。你没有调查，就下断语，大概是听什么人说的吧。我则不然，我说它是部政治小说。从康熙到乾隆年间，有两大派，一派胜利者即雍正皇帝，抄另一派失败者的家。写的是从兴盛到灭亡，贾、史、王、薛四大家族的兴亡史。"坐山观虎斗"也是凤姐的话。"大有大的难处"，特别对我们有用。"千里搭长棚，没有不散的宴席"。美国、苏联就是"千里搭长棚"。"不是东风压倒西风，就是西风压倒东风"，出自林黛玉。没有调和的余地。

读书有法
毛泽东的读书故事

《红楼梦》可当历史来读

　　《红楼梦》是一部奇书，尽管曾经被列为"淫词小说"遭禁，但越来越多的人喜欢阅读它，乃至在一首《京都竹枝词》里，出现"开谈不说《红楼梦》，读尽诗书是枉然"这样的话。

　　各自开谈《红楼梦》，人们谈的内容却常常大相径庭。就像鲁迅说的那样，在这部小说中，"经学家看见《易》，道学家看见淫，才子看见缠绵，革命家看见排满，流言家看见宫闱秘事……"。

　　毛泽东开谈《红楼梦》，却另是一路。如果说，少年时把《红楼梦》当作有趣的故事读，那么后来他已经不是单纯把它当作文学作品来读，而是当作社会生活的反映，当作历史书来读。

　　这种读法，他反复申明，从不讳言。

　　1938年4月28日，在鲁迅艺术学院的讲话中，毛泽东提出，不要以为《红楼梦》写的只是哥哥妹妹的事情，其实它有极丰富的社会史料。

1961 年 12 月 20 日，在中央政治局常委和各大区第一书记会议上，当刘少奇谈到自己已看完《红楼梦》，说该书"讲到很细致的封建社会的情况"时，毛泽东接着发挥说："《红楼梦》不仅要当作小说看，而且要当作历史看。他写的是很细致的、很精细的社会历史。他的书中写了几百人，有三四百人，其中只有三十三人是统治阶级，约占十分之一，其他都是被压迫的。牺牲的、死的很多，如鸳鸯、尤二姐、尤三姐、司棋、金钏、晴雯、秦可卿和她的一个丫环。秦可卿实际是自杀的，书上看不出来。贾宝玉对这些人都是同情的。你们看过《金瓶梅》没有？这部书写了宋朝的真正社会历史，暴露了封建统治，揭露了统治者和被压迫者的矛盾，也有一部分写得很细致。《金瓶梅》是《红楼梦》的祖宗，没有《金瓶梅》就写不出《红楼梦》。但是，《金瓶梅》的作者不尊重女性，《红楼梦》《聊斋志异》是尊重女性的。"

1965 年，毛泽东还同王海容说："你要不读点《红楼梦》，你怎么知道什么叫封建主义。"

在毛泽东看来，把《红楼梦》当故事读，是读小说的初浅层次，把《红楼梦》当历史读，才能进到读小说的较深层次。

把《红楼梦》当历史读，首先要了解《红楼梦》的历史背景，以及《红楼梦》中的思想反映了怎样的历史进步要求。

1962年1月在扩大的中央工作会议上，毛泽东在谈到西方资本主义的发展从十七世纪开始经过了好几百年的时候说："十七世纪是什么时代呢？那是中国的明朝末年和清朝初年。再过一个世纪，到十八世纪的上半期，就是清朝乾隆时代，《红楼梦》的作者曹雪芹就生活在那个时代，就是产生贾宝玉这种不满意封建制度的小说人物的时代。乾隆时代，中国已经有了一些资本主义生产关系的萌芽，但是还是封建社会。这就是出现大观园里那一群小说人物的社会背景。"

关于《红楼梦》的思想价值，毛泽东的观点是"不满意封建制度"，说得较有分寸。不满意封建制度的什么，方面很多，人们也有不少论述。毛泽东着重指的是作者、书中人物不满意封建制度对人的摧残，因而对封建家族中被迫害、被侮辱和被毁灭的人表示同情，进而在黑暗和丑恶中表达对光明和美好的向往与追求。

在1961年12月20日的中央政治局常委和各大区第一书记会议上，毛泽东说，《红楼梦》是尊重女性的。1962年8月在中央工作会议核心小组会上，毛泽东又说，《红楼梦》与谴责小说及《金瓶梅》不同，写得有点希望。这些说法，最基本的一点，就是"民主性"。一般说来，民主性以及人民性，是毛泽东评论封建社会文化中好的一面常用的概念。

对《红楼梦》的历史内涵，毛泽东谈得较多的是，它成了中国封建社会走向衰败的一个缩影。他说：

    《红楼梦》里有这样的话："陋室空堂，当年笏满床。衰草枯杨，曾为歌舞场。蛛丝儿结满雕梁，绿纱今又在蓬窗上。"这段话说明了在封建社会里，社会关系的兴衰变化，家族的瓦解和崩溃。

    在毛泽东看来，《红楼梦》全书，也就是一部四大家族衰败史。在四大家族中，《红楼梦》其实只写了一个家族——贾府。从一家看四家，从四家看代表整个封建统治阶级的百千个"大族名宦之家"。总之，从贾家的衰落，可以看到封建社会走向衰败的历史必然。

贾府是怎样衰败的

贾府是怎样衰败下来的呢？

1954年，毛泽东读李希凡、蓝翎的《评〈红楼梦研究〉》时，读到"贾氏的衰败，不是一个家庭的问题，也不仅仅是贾氏家族的兴衰的命运，而是整个封建官僚地主阶级，在逐渐形成的新的历史条件下必然走向崩溃的征兆"这段话时，毛泽东特意批注："这个问题值得研究。"该文又说："这样的豪华享受，单依靠向农民索取地租还不能维持，唯一的出路只有大量的借高利贷，因而它的经济基础必然要走向崩溃。"毛泽东在这段话旁又画了竖线，打了一个问号，并批注："这一点讲得有缺点。"他似乎是觉得这样来理解封建家族的经济基础的衰败，有些简单化了。

贾府的衰败，毛泽东的理解是，首先是人的衰败，即统治者阶层自身的腐朽所致。1963年5月7日，在杭州中央工作会议上的讲话中，毛泽东谈道，《红楼梦》第二回上，冷子兴讲贾府"安富尊荣者尽多，运筹谋划者无一"，讲得太过。探春也当过家，不过她是代理。但是贾家也就是那么垮下来的。他的意思是，面对一代又一代的膏粱纨绔，一两个像探春那样有为的谋划者试图支撑和拯救已经烂透的家族大厦，基本上是徒劳枉然。

中国封建社会的基本结构是家国同构，甚至是家国一体。家庭既是社会的经济生活细胞，又是社会结构的基本支撑。家庭—家族—宗族—社会，形成环环相扣的宗法家长制度。毛泽东认为，《红楼梦》体现了作为封建根基的家长制的动摇，他说：

《红楼梦》中就可以看出家长制度是在不断分裂中。贾琏是贾赦的儿子，不听贾赦的话。王夫人把凤姐笼络过去，可是凤姐想各种办法来积攒自己的私房。荣国府的最高家长是贾母，可是贾赦、贾政各人又有各人的打算。

1973 年，毛泽东又说："各有各的心事。贾母一死，大家都哭，各有各的目的。如果一样就没有个性了。哭是一个共性，至于各人想的，伤心之处不同，那是个性。我劝人们去看《红楼梦》里柳嫂子和秦显家的争夺厨房的那几回。"

总之，家长制、土地关系、人生态度，事实上是决定封建社会关系兴衰成败的政治、经济、文化三个方面的重要基础。这三个基础都动摇了，整个封建制度的衰败自然

读书有法
毛泽东的读书故事

就无可挽回。

作者曹雪芹当然不希望封建社会就此衰败下去。所以，在 1964 年 8 月的一次谈话中，毛泽东说，曹雪芹写《红楼梦》还是想"补天"，想补封建制度的"天"，但《红楼梦》里写的却是封建家庭的衰落，可以说是曹雪芹的世界观和他的创作发生了矛盾。

这个分析，很容易让我们想起恩格斯评论巴尔扎克的话："他就看出了他所心爱的贵族的必然衰落而描写了他们不配有更好的命运……这一切我认为是现实主义最伟大的胜利之一。"

不要把我们的青年培养成林黛玉

1951年9月26日，毛泽东在同周世钊、罗汉溟、李漱清、邹普勋等的谈话中，讲道：

你们办学校应该注意一个问题，就是要重视青年学生的体育锻炼。我认为有志参加革命的青年，必须锻炼身体；不能锻炼身体的人，就不配谈革命。大家不是读过《红楼梦》吗?《红楼梦》中两个主角，我看都不太高明。贾宝玉是阔家公子，饮食起居都要丫头照料，自己不肯动手；林黛玉多愁善感，最爱哭泣，只能住在大观园的潇湘馆中，吐血、闹肺病。这样的人，怎么能革命呢？你们办学校，不要把我们的青年培养成贾宝玉、林黛玉式的人。我们不需要这样的青年。我们需要坚强的青年，身体和意志都坚强的青年。

读书有法
毛泽东的读书故事

在毛泽东看来，贾宝玉吃饭穿衣都要丫头服侍，不能料理自己。林黛玉多愁善感，哭哭啼啼，住在潇湘馆，吐血、闹肺病。他们对现代青年来说，都不足为训。学校要重视青年学生的体育锻炼。青年必须锻炼身体，不能锻炼身体的人，怎么能成为有坚强意志的青年呢？

重视体育锻炼，是毛泽东坚持了一生的好习惯。在湖南省立第一师范学校念书的几年中，毛泽东的体育锻炼项目很多，主要有冷水浴、日光浴、风浴、雨浴、远足、爬山、露宿、六段操和游泳。其中，日光浴、风浴、雨浴是毛泽东与其同学好友们实施的特殊锻炼项目。毛泽东还把洗冷水浴作为每天的"第一课"。当时，杨开慧在中学念书，她在父亲和毛泽东的感染下，也在女同学中带头洗冷水浴，不少女同学又在杨开慧的影响下，勇敢地加入了洗冷水浴的行列。

新中国成立以后，毛泽东仍坚持不用热水洗澡。1953年3月19日，毛泽东给陈云写道："用毛巾沾热水擦身，先热后冷，又冷又热，锻炼皮肤、血管等又收缩又扩张，每天一次至两次，擦一二年可收大效，似可试试。"就是在晚年身体不好而不能洗冷水浴时，毛泽东也坚持不用热水而用温水洗澡，他说："一个经常注意锻炼身体的人，才不会被风雪的寒威所吓倒。我过去练习过冷水浴，现在年纪虽然大了，冬天也还可以不用热水洗澡，小小的寒冻也还经得住。锻炼的确是重要的事情。"

1938年5月中旬的一天，毛泽东到鲁迅艺术学院给学员们作报告。讲到鲁迅艺术学院与社会的关系时，他说，《红楼梦》里有个大观园，大观园里有个林黛玉、贾宝玉，你们鲁艺是个小观园，你们也就是林黛玉、贾宝玉（说到这里，毛泽东两只手臂抱在胸前，笑了起来）。但是，我们的女同志不要学林黛玉，只会哭。我们的女同志比林黛玉好多了，会唱歌，会演戏，将来还要到前方打仗。抗日民主根据地就是大观园，你们的大观园在太行山、吕梁山。

1950 年，毛泽东给教育部部长马叙伦写信。针对刚起步的教育事业，毛泽东提出"健康第一，学习第二"的要求。马叙伦看信后怕是笔误，赶忙写信询问。毛泽东在复信中明确指出："关于学生健康问题，前与先生谈过，此问题深值注意，提议采取行政步骤，具体地解决此问题。""提出健康第一，学习第二的方针，我以为是正确的。"

1952 年 6 月 20 日，中华全国体育总会正式成立。毛泽东题词："发展体育运动，增强人民体质。"

1960 年 3 月 13 日，毛泽东在中央会议上提出，"体育是关系到六亿人民的大事"，"凡是能做到的都要提倡，做体操，打球类，跑跑步，爬山，游泳，打太极拳及各种各样的体育运动"。

1965 年 7 月 3 日，在给中央宣传部部长陆定一的信中，毛泽东写道："学生负担太重，影响健康，学了也无用。建议从一切活动总量中，砍掉三分之一。"他还在不同场合指出："应该把青少年的体育运动看得比什么都重要。""如果对青少年身体不重视，那很危险。"

"文明其精神，野蛮其体魄"，是毛泽东年轻时提出的口号。这当中，确实有大道理。一个人，如果没有强健的身体，何来强健的信念和意志？又怎么能经得起各种困难考验，干出一番事业来呢？

出版后记

这本书是为青少年朋友写的。

源远流长、博大精深的中华优秀传统文化，积淀着中华民族最深层的精神追求，植根在中国人的内心，潜移默化地影响着人们的思想和行为方式。

一生以书为伴，博览群书的毛泽东，从八岁进私塾求学开始，直至逝世前，始终未间断对中华优秀传统文化的学习与研究。中华优秀传统文化为毛泽东的领导智慧和实践理论创新，提供了宝贵的思想资源。

2017年，《毛泽东读书笔记精讲》出版后，受到读者重视。该书有四卷，部头大了些。每篇的体例，又分成"原文""毛泽东的读书笔记和谈话""精讲"三个部分，有些学究味道。根据热心读者和出版社的建议，编者从《毛泽东读书笔记精讲》中选择可读性强的事例，分成"熟读'诸子百家'""史书手不释卷""爱读诗词文赋""巧读古典小说"四个部分，改变体例，通过讲故事的方式，简写成《读书有法——毛泽东的读书故事》这本小书。在本书编写过程中，中央党史和文献研究院的钟波先生做了大量工作，使本书得以顺利完成。

　　本书说的"诸子百家"，是个借喻，除读先秦诸子外，也包括毛泽东读一些近代以来中外经典的故事。另外，书中有的篇目是对同时改写的《书山有路——毛泽东的学用之道》篇目的再度简写。这是需要向青少年朋友说明的。

编者

2021 年 8 月